Mis Caminos

Una Nueva Cosmovisión Económica
Para la Ekklesia del Siglo XXI

Doug Tjaden

"'Mis pensamientos no son tus pensamientos, ni tus caminos son Mis caminos, declara el Señor. 'Porque, así como los cielos son más altos que la tierra, así son Mis caminos más altos que tus caminos Y Mis pensamientos que tus pensamientos.'"
-Dios ~700 a.C.

"Siguen siendo la única camino."
-Dios hoy.

Tabla de Contenidos

Introducción

A finales de 2020 mientras daba los toques finales al primer libro que había escrito en quince años, recibí el prólogo de mi amigo y mentor, Dennis Peacocke. Para aquellos que no conocen a Dennis, ha estudiado las Escrituras durante cincuenta años desde la perspectiva de un economista político. Nuestra relación y sus libros cambiaron la forma en que veo la economía. Por lo tanto, al leer sus palabras, me sentí humildemente honrado. Pero fue la forma en que concluyó sus comentarios lo que me llamó la atención.

"Espero que Doug esté 'impulsado' a escribir una continuación en los próximos años. Tiene las habilidades para mover la pelota por el campo y la fe para ayudar a jalar a otros con él. Disfruten del libro y tomen notas; Hice ambos."

Cuando leí esto por primera vez, llamé a Dennis y le agradecí por sus amables palabras. Compartimos una risa sobre cómo nos sentimos los dos después de terminar un libro. Incorporar críticas y ediciones finales fue agotador para los dos. Lo último en nuestras mentes era escribir otro libro. De hecho, le aseguré que no tenía intención de escribir otro. Nunca.

Aun así, una cosa que he llegado a saber sobre Dennis a lo largo de los años es que tiene una unción profética muy fuerte. En el fondo de mi mente, sabía que sería solo cuestión de tiempo. Poco sabía, sin embargo, que pasaría poco más de un año antes de que el Espíritu Santo usara los eventos mundiales para atraerme de vuelta a mi teclado.

El ritmo al que el mundo está cambiando es algo que la mayoría de nosotros no hemos experimentado en nuestras vidas. Creo que lo que estamos presenciando en nuestro mundo posmoderno son las consecuencias de que la iglesia no preste atención a la advertencia de Jesús en Marcos.

i

"También les decía: Astutamente violáis el mandamiento de Dios para guardar vuestra tradición. [...] invalidando así la palabra de Dios por vuestra tradición, la cual habéis transmitido, y hacéis muchas cosas semejantes a estas."
Marcos 7:9,13

El apóstol Pablo entendió las graves consecuencias de lo que Jesús nos advirtió. Si no se controlan, las enseñanzas caprichosas de los líderes religiosos serían solo el comienzo.

"Cuidado de nadie os engañe con la filosofía y las vanas sutilezas, según la tradición de los hombres, según los principios básicos del mundo, y no de según Cristo."
Colosenses 2:8 (NKJV)

Los sistemas que gobiernan la actividad humana están diseñados en base a un conjunto de principios. La pregunta es, ¿son de Cristo, o son del mundo? Hoy todavía tenemos fariseos modernos en la iglesia. Sin embargo, la mayoría se han establecido en nuestras instituciones y sistemas: educación, medios de comunicación, artes, entretenimiento, negocios, política y, por supuesto, la economía.

Este último sistema es el foco de este libro. Satanás es un perito economista que es altamente hábil en el arte del comercio. También entiende la realidad de que necesitas recursos para construir un reino. Por lo tanto, cuando Dios lo echó del cielo, Satanás creó un conjunto de "principios económicos de vana sutileza". Los reyes de la tierra entonces encargaron a sus fariseos económicos que diseñaran los sistemas económicos y monetarios del mundo basados en estos principios y los enseñaran como virtudes sociales. Esto ha permitido que sus sistemas roben recursos que estaban destinados a construir el Reino de Dios y los redirijan a construir el reino de Satanás.

La historia de cómo logró esto, junto con el reguero resultante de robo, muerte y destrucción, está documentada en la precuela de este libro, *Vine a Dar, Entendiendo el Gran Reset y la Llegada de la Era de la Abundancia*. Pero más que simplemente documentar las actividades de Satanás, revela un conjunto de cinco principios económicos por los cuales Dios siempre quiso que la humanidad viviera, los respalda tanto teológica como históricamente, y demuestra cómo Dios los preservó a través de los siglos.

Preservados para un tiempo como este.

Esto se debe a que hoy en día, las formas en que el hombre crea y gestiona valor son una abominación para el Padre y contrastan con todo lo que Jesús enseñó, vivió y vino a dar a la humanidad. Lamentablemente, eso no ha impedido que la iglesia se sienta cada vez más cómoda aceptando estas "tradiciones de los hombres". El resultado es que la palabra de Dios ha sido "invalidada" de maneras que son devastadoras para la humanidad.

Vemos esto en las Escrituras en el libro de Jeremías. Él vivió al final de un período en el que el pueblo de Dios había perdido de vista Sus caminos y en cambio había abrazado la cultura que lo rodeaba. Como resultado, la nación de Israel cayó en la apostasía, abrazando la idolatría, la hipocresía y el materialismo. El resultado fue un largo período de juicio y cautiverio.

Hoy en día, vemos que se está desarrollando una situación similar en todo el mundo, en el cuerpo de Cristo. Lamentablemente, la adopción por parte de la Iglesia de las tradiciones y costumbres del hombre ha asegurado que la humanidad experimentará una cierta cantidad de dificultades autoimpuestas en los próximos años.

Sin embargo, hay buenas noticias. Somos hijos e hijas del Altísimo y hermanos y hermanas del Rey de reyes. Tenemos la historia de la Palabra de Dios. Tenemos una relación con Dios a través del Espíritu Santo, hecha posible por el sacrificio de sangre de nuestro Rey y la derrota de Satanás en la cruz. Por lo tanto, aceptemos los siguientes versículos como la realidad de quiénes somos.

"Toda autoridad me ha sido dada en el cielo y en la tierra.
Id, pues, y haced discípulos de todas las naciones,
bautizándolos en el nombre del Padre y del Hijo y del
Espíritu Santo, enseñándoles a guardar todo lo que os he
mandado; y he aquí, yo estoy con vosotros todos los días,

hasta el fin del mundo."
Mateo 28:18b-20

"Mira, hoy te he dado autoridad sobre las naciones y sobre los reinos, para arrancar y para derribar, para destruir y para derrocar, para edificar y para plantar."
Jeremías 1:10

Es importante entender que antes de que podamos edificar y plantar (hacer discípulos a las naciones), la iglesia necesita hacer algunas tareas domésticas. Dios le prescribió una secuencia específica a Jeremías. Primero, debemos arrancar, derribar, destruir y derrocar las tradiciones de los hombres que se han infiltrado en la iglesia. Si nos saltamos este paso, lo que plantemos encontrará tradiciones competidoras que obstaculizarán nuestra capacidad de hacer discípulos a las naciones.

Habiendo crecido en una granja de trigo, fui testigo de la realidad práctica de este principio en acción cada año. En la década de 1970, los agricultores guardaban las mejores semillas de sus cultivos cosechados para plantarlas en la temporada siguiente. Desafortunadamente, incluso los campos con la mejor calidad de trigo tenían plantas competidoras que querían establecerse allí.

En nuestro caso, el principal culpable fue el centeno. Esta planta en particular es engañosamente similar en apariencia al trigo. Si no los elimináramos del campo de semillas, al año siguiente todos nuestros campos tendrían cien veces o más tallos de centeno repartidos por ellos. El ciclo se repetiría cada año hasta que el centeno competidor destruiría el valor de la cosecha.

Por lo tanto, unas semanas antes de la cosecha, mi padre, mi hermano y yo caminábamos por todo el campo, buscando tallos pícaros de centeno. Aunque similares en apariencia al trigo, eran significativamente más altos. Para encontrarlos, nos agachábamos y escaneábamos la parte superior del campo de trigo. Cuando veíamos uno, poníamos cuidadosamente nuestros pies a cada lado de la planta, lo arrancábamos por las raíces y luego lo colocábamos en la fila. De esa manera, la cosechadora pasaría por encima de ella durante la cosecha.

Comparto esto con ustedes porque Dios nos ha designado a ustedes y a mí para discipular a las naciones. Para lograrlo, debemos entrar en nuestros campos, en nuestras familias y comunidades, para "arrancar y destruir" las tradiciones de los hombres y las filosofías de vanas sutilezas que se han apoderado de nuestros campos.

Tenemos mucho trabajo por hacer. La mayoría de las iglesias de hoy no han sido diligentes en explorar sus campos. Por lo tanto, sus familias y comunidades han sido "sembradas" por el posmodernismo. La Palabra de Dios se ha vuelto de tal modo "invalidada" que muchos seguidores de Jesús verán los caminos de Dios como demasiado radicales en el siglo XXI.

Y ahí radica nuestro reto.

Si aceptamos los caminos del hombre, tendremos que vivir después del "Gran Reset": en una sociedad totalitaria dominada por sistemas construidos sobre los principios de control, competencia y escasez. Dios nos está llamando, en este momento crítico de la historia, a abrazar sus caminos radicales y ejecutar un plan estratégico para incorporar sus principios de cooperación, mayordomía, abundancia, cuidado de nuestro prójimo y sostenibilidad como base de un nuevo sistema para gestionar los recursos de la tierra.

Partes 1 y 2 de *Vine a Dar* para establecer el apoyo teológico e histórico para estos cinco "Principios de Construcción del Reino" como antídoto contra los espíritus de control, competencia y fragilidad que dominan los sistemas económicos actuales. La Parte 3 establece las bases para este libro al proyectar una visión sobre cómo contrarrestar el "Gran Reset" del hombre con la "Gran Restauración" de Dios. Si aún no lo has leído, te recomiendo que lo hagas antes de continuar, ya que establece el contexto de lo que sigue.

Nuestra "Cosmovisión Económica" Importa

A lo largo de los siglos, la iglesia perdió de vista los Principios de Dios de la Edificación del Reino cuando y se alejó de la supervisión de los sistemas económicos y monetarios. *Creo que este es uno de los errores más críticos jamás cometidos por los líderes de la iglesia en sus 2000 años de historia.* Dejó un enorme agujero en una cosmovisión bíblica integral que le permitió a Satanás dominar un sistema crítico para la construcción del reino: la creación administración y distribución de recursos.

Reclamar una cosmovisión económica bíblica es vital si la iglesia va a cumplir su misión de discipular a las naciones y sea el instrumento para que se cumpla la oración de Jesús: "Venga tu reino, hágase tu voluntad, en la tierra como en el cielo". Por lo tanto, comenzaré con una ilustración de cómo se puede lograr esto. Por favor, soy consciente de que usted puede estar o no de acuerdo con la teología detrás de las "siete montañas de la cultura". Para los fines de este libro, considero que estas "montañas" (religión, familia, educación, gobierno, medios de comunicación, artes y negocios) constituyen una ilustración útil de por qué el diseño de sistemas económicos es vital para el cuerpo de Cristo.

Si consideramos nuestras actividades en el Reino de Dios a la luz de estas montañas, podemos imaginar los sistemas económicos y monetarios como los sistemas económicos y monetarios como *la red de ríos, lagos y arroyos que dirigen los recursos que dan vida dentro y entre las montañas.*[1] Esta ilustración es útil porque el propio lenguaje que utilizamos para describir la actividad económica incluye palabras como "circular", "liquidez" y "flujos". De hecho, la palabra "moneda" se define como "algo que circula como medio de intercambio". Curiosamente, la palabra hebrea para "moneda" es *zuz*, que también significa "circular".

Los enemigos de Dios entienden mejor que la iglesia que los principios sobre los cuales está diseñado este enorme "sistema de flujo" determinarán cual reino construirán con las "monedas" que se mueven a través de él. Como tal, durante miles de años los reyes de la

---

[1] Salmo 104

tierra han construido intencionalmente su sistema de "ríos, lagos y arroyos" a través de las "siete montañas" para dirigir grandes cantidades de valor a *sus* proyectos para lograr *su* agenda.

La prueba de su éxito es evidente. En las naciones más pobres, los oportunistas económicos roban el valor de los recursos humanos y naturales a los pueblos indígenas, condenándolos a la pobreza durante generaciones. En las llamadas naciones "desarrolladas", sus sistemas han condicionado a la humanidad, incluidos los seguidores de Jesús, a desear riqueza, el estatus, la comodidad y el consumo de "cosas." Esto permite a los reyes de la tierra absorber el valor creado por la gente y redirigirlo para perpetuar una cultura materialista del "yo primero" que impulsa cada vez más el consumo.

Mientras tanto, nuestra relación con Dios, con nuestros semejantes y con la Creación se estanca. El cuidado de los pobres, huérfanos y viudas se delega en agencias gubernamentales que se convierten en lugar de la iglesia. Muchos ministerios deben sobrevivir apoyándose en el sacrificio de voluntarios que, a los ojos de Jesús, están realizando algunas de los trabajos más valiosos de la tierra.

La intención de Dios de que los humanos estuvieran íntimamente conectados con la Creación está prácticamente anulada en la economía moderna. En cambio, quienes viven en naciones ricas dan por sentado que los alimentos aparecerán en los estantes de sus supermarcados locales. Piensan poco en las habilidades desarrolladas en el Jardín del Edén y que utilizan los agricultores y ganaderos de hoy para producir alimentos en abundancia. Los ricos, que hacen su fortuna en la economía de consumo, miran por encima del hombro a estos administradores de la tierra como ciudadanos de segunda y tercera clase, pero morirían sin estos humildes administradores de la Creación. Por último, los reyes de la tierra los oprimen activamente al centralizar y dominar la producción y distribución de alimentos.

Algo no cuadra.

Si bien Dios es realmente paciente, las Escrituras son claras. Llega un momento en que, por su propio bien, Él ya no permite que Su pueblo continúe sus caminos destructivos.[2] Él amorosamente trae circunstancias que conducen de vuelta a los viejos senderos y a Sus caminos.[3] El diseño destructivo de nuestros sistemas económicos y monetarios globales nos ha llevado a este punto. Dios está exponiendo estos sistemas por lo que realmente son: tradiciones perversas de los hombres en la actualidad que en efecto han invalidado la palabra de Dios. La buena noticia es que Él ha comenzado el proceso de restauración.

Durante la próxima década, el colapso de los sistemas económicos y monetarios del hombre provocará la revalorización de todo lo que producimos.

Es posible que desee leer eso de nuevo y tómese un momento para reflexionar sobre las implicaciones, que son asombrosas. Dios utilizará usando este proceso de revalorización al por mayor para prepararnos mental y espiritualmente para aceptar una nueva forma de vivir en el siglo 21...

El Camino "Radical" de Dios

Se dice que Albert Einstein dijo: "No podemos resolver problemas usando el mismo tipo de pensamiento que los creó. A medida que Dios liberas amorosamente a Su pueblo de los pensamientos del hombre y de los sistemas babilónicos que produjeron, habrá un período de creciente confusión y caos global. Eventualmente, la iglesia no tendrá más remedio que admitir humildemente sus errores y arrepentirse por abrazar los caminos del hombre, que han traído un sufrimiento indecible que han causado a la humanidad durante miles de años.

Dios está criando un remanente de primicias que entiende esto. Comunidad por comunidad, este remanente liderará la transformación de un mundo caracterizado por la competencia, el control y la escasez en uno que abarca los caminos de Dios. Un nuevo sistema de gestión de valores priorizará la construcción del bienestar emocional, físico y

---

[2] Salmo 103:9
[3] Jeremías 6:16a

espiritual de los demás como la base para la prosperidad. Soltará al cuerpo de Cristo para amar a su prójimo mientras genera los recursos necesarios para construir *Su* Reino, marcando así el comienzo de una nueva era de abundancia.

Esta transformación llevará tiempo. Como ciudadanos duales de la tierra y del Reino de Dios, debemos resolver todo lo que hacemos en el contexto del pluralismo democrático. Eso significa que *no* buscamos establecer una teocracia de gobierno local. En cambio, reconocemos las estructuras de gobierno existentes, así como los sistemas económicos establecidos, y trabajamos con ellos para servir a nuestras comunidades mediante la incorporación de principios que dan vida que mejoran las vidas de todos los ciudadanos.

Desafortunadamente, la mayoría de las iglesias occidentales están tan impregnadas de su aceptación de los caminos del hombre que no están listas para abrazar este grado de cambio radicalidad. Esto debe cambiar pronto. La iglesia debe arrepentirse de abrazar los caminos del hombre, o arriesgarse a abrazar una nueva iteración de ellos que ahora ofrecen los reyes de la tierra, empaquetados como el "Gran Reset". Permitirles tener éxito tendría consecuencias inimaginables para las generaciones venideras.

Este libro pretende ayudarnos a evitar este posible resultado. En la parte 1 hago un marcado contraste entre los principios económicos del hombre de control, competencia, escasez, robo de la identidad y la fragilidad y los principios de Dios de cooperación, mayordomía, abundancia, protección de la identidad y sostenibilidad. Entendiendo este contraste ayudará a los seguidores de Jesús a superar su vacilación para adoptar los caminos radicales de Dios.

La parte 2 proporciona una base sobre la cual podemos actuar. Primero, la iglesia debe restaurar una cosmovisión económica bíblica a sus enseñanzas y prácticas. Esto comienza con la comprensión de que Dios siempre ha llamado a Su pueblo a ser "apartado". Si bien debemos interactuar con los sistemas económicos existentes, se nos ordena *hacerlo mejor*.[4] El cuerpo de Cristo debe liberarse de la levadura del capitalismo neodarwiniano y liderar una revolución económica. Comienza en la iglesia y en nuestras comunidades locales, a medida que creamos una infraestructura sostenible de nuevos "parqués" que gestionarán los recursos necesarios para construir el Reino de Dios.

La Parte 3 completa el libro con un marco que incluye los componentes necesarios, los pasos prácticos y las herramientas que los líderes de la iglesia y la comunidad pueden usar para comenzar el proceso de transición a esta nueva forma de vida. Oro para que este libro te ayude a comprender la necesidad y a responder a la invitación de Dios para unirse a nosotros y ayudar a tu comunidad a adoptar los principios y los caminos de Dios. Al hacerlo, honraremos a nuestro Señor, Salvador y Rey, cuyo Reino brindará a todos sus ciudadanos la vida abundante que Él vino a dar.

Historia de Fondo

Este libro es, en efecto, una secuela de mi primer libro, *Vine a Dar*, porque se basa en su fundamento teológico, histórico y conceptual. Entiendo que no todos los que leen este libro invertirán el tiempo para leer el primero. Por lo tanto, he incluido esta "historia de fondo" para definir los términos clave e introducir las afirmaciones clave hechas en *Vine a Dar*. Esto proporcionará el contexto acuerdo para el contenido de este libro. Para aquellos que hayan leído me primer libro, este servirá como un repaso.

Términos

Una buena comunicación requiere términos claramente definidos y utilizados en su contexto adecuado. Desafortunadamente, el mundo secular redefine a su antojo los términos de uso común, separándolos de su significado y contexto histórico. Aceptar estas definiciones sin desafío nos obliga a usar palabras en exceso para hacer nos entender. La confusión que a menudo sigue debilita nuestra capacidad de comunicarnos.

Esa nunca es una estrategia ganadora, y quiero hacer todo lo posible para evitar cometer ese error. La siguiente es una lista de términos que usaremos para defender un sistema económico y monetario radicalmente nuevo. Cuando sea necesario, proporcionaré nuestra definición de términos se dará junto con cualquier nueva definición utilizada actualmente en la cultura pop.

Economía: Los portadores de la imagen de Dios trabajando junto con Él, y de acuerdo con Sus principios y caminos, para servir y proteger la Creación mientras participamos en intercambios que crea, asegura y utiliza recursos para construir el Reino de Dios en la tierra, protegiendo y fomentando la dignidad humana.

Partes interesadas: Hoy en día, este término se utiliza de una manera que crea confusión. Simplemente significa "alguien que está involucrado o afectado por un curso de acción". Más adelante en el libro veremos cómo el Foro Económico Mundial combina este término con "capitalismo" para crear una narrativa confusa en torno a su visión de un nuevo sistema económico global controlado por la élite global.

Sistemas: La mejor definición en el Diccionario Webster es "grupos de dispositivos u objetos artificiales o una organización que forma una red especialmente para distribuir algo o servir a un propósito común".[5] En este libro, los "grupos de dispositivos, objetos y organizaciones" a los que me refiero principalmente son aquellos que dirigen los recursos naturales y humanos del mundo: los sistemas económicos y monetarios.

Tradiciones de los hombres: Son principios y filosofías seculares que los reyes de la tierra utilizan para diseñar los principales sistemas del mundo, incluidos los sistemas económicos y monetarios.

Siete montañas de cultura: Estas siete "esferas de influencia" ofrecen un ejemplo ilustrativo del flujo de recursos en toda la cultura. Son la familia, la religión, la educación, el gobierno, las artes y el entretenimiento, los medios de comunicación y los negocios.

Capitalismo neodarwinista: Combinación de la "competencia en un mercado libre" (incluida la adquisición de capital humano, dinero y recursos naturales) con la evolución neodarwinista. Hoy en día se considera que es el medio más eficaz para impulsar el crecimiento económico y crear prosperidad.

Reyes de la tierra: Los líderes seculares de las naciones modernas.

Ekklesia: Esta es la palabra griega del Nuevo Testamento traducida como "iglesia". Los romanos lo usaron durante la época de Cristo para describir un grupo llamado específicamente a reunirse para gobernar. Esto implica que la ekklesia (iglesia) debe estar involucrada en la maneje los asuntos de la tierra.

Prosperidad: La cultura moderna la define prosperidad en el contexto

---

de la obtención de comodidad, seguridad y otras cosas. En las Escrituras, la prosperidad comienza con la creación de un ambiente donde los seres humanos pueden disfrutar de relaciones cercanas y amorosas con Dios, la familia y el prójimo.

Parqués (Terreno de Negociación): Dónde dos o más seres humanos se unen a intercambiar valor. El intercambio puede involucrar bienes, servicios, dinero o intercambios no tangibles que impactan el bienestar emocional, físico y espiritual de una persona.

Sistema de gestión de valores: Este es un término de reemplazo para "sistemas económicos y monetarios", que lo hace menos académico y más accesible para quienes no son economistas.

El Gran Debate: La narrativa pública relacionada con los principios sobre los cuales se deben crear los sistemas.

Afirmaciones

Vine a Dar examinó los sistemas económicos y monetarios a través de una nueva cosmovisión bíblica económica más radical. Como tal, hice varias afirmaciones que no se consideran convencionales. Ya sea que esté de acuerdo con ellos o no, son necesarios para establecer el contexto adecuado para el resto de este libro.

1) Dios nos dio principios específicos para guiarnos en la creación de un sistema de gestión de valores necesario para construir Su Reino en la tierra. Antes de la caída, incluían la cooperación, la mayordomía y la abundancia. Después de la caída, la introducción de fuerzas espirituales y físicas opuestas requirió la adición de asegurar y proteger la identidad y sostenibilidad.

2) Los espíritus de control y competencia son dos de los príncipes espirituales más dominantes de la tierra. Ellos son responsables de la mayor parte del éxito de Satanás en el establecimiento de su reino competidor en la tierra. Se introdujeron por primera vez en el Huerto del Edén a través de la interacción de Satanás con Eva, como se registra en Génesis 3.

3) Dios creó al hombre a Su imagen para encarnar Su papel funcional en la tierra con el fin de construir Su Reino aquí.

4) Satanás estableció "parqués" donde los humanos "intercambian" su identidad como portadores de la imagen de Dios por el de una impostora. Luego se convierten en "huérfanos espirituales" que Satanás recluta para construir su reino en competencia.

5) Un nuevo sistema económico ofrecido por la ekklesia debe crear parqués que aseguren y protejan nuestra identidad cuidando el bienestar emocional, físico y espiritual de los humanos, comenzando con los oprimidos, pobres, viudas y huérfanos.

6) Un sistema adecuadamente diseñado de parqués creará un círculo virtuoso donde los recursos humanos y naturales se reclaman para el Reino de Dios, acelerando su avance en la tierra.

7) El diseño de los ecosistemas naturales de la Creación es la clave para crear un "ecosistema" sostenible de parqués para gestionar la creación de valor y el intercambio en la tierra.

8) El nuevo sistema de intercambio de valores debe ser altamente descentralizado y administrado dentro de las comunidades locales para evitar que los reyes de la tierra la coopten y destruyan.

9) El "Gran Reset" de hombre busca reformar los sistemas del hombre y dar a los reyes de la tierra más poder y control. Dios ha iniciado una "Gran Restauración" que desplazará estos sistemas con aquellos diseñados de acuerdo con Sus principios.

10) Nuevos líderes en el cuerpo de Cristo surgirán de la generación de Millennials y la Generación Z. Dios los ha predeterminado para adoptar Sus caminos durante este tiempo en la historia. Muchos no están asociados con la iglesia organizada. Debemos abrazarlos, juntamente con su pasión y su perspicacia.

11) Como parte de la Gran Restauración de Dios, Él usará la agitación económica y geopolítica de la próxima década para atraer a una masa

crítica de comunidades para abrazar un nuevo sistema de gestión de valores y convertirse en el prototipo de cómo vivir una vida abundante en el siglo XXI.

Resumen

El debate público sobre cómo rediseñar los sistemas económicos y monetarios fallidos del mundo ya ha comenzado. Los reyes de la tierra han abierto su argumento pidiendo un "Gran Reset" donde la élite diseñará y controlará casi todas las interacciones económicas humanas. Los seguidores de Jesús deben desarrollar una alternativa atractiva a sus propuestas y una estrategia lingüística para exponer su agenda y contrarrestar su argumento. Comienza creando un marcado contraste entre la realidad de lo que se producirá mediante los caminos del hombre versus los caminos de Dios.

Los términos y afirmaciones anteriores forman un punto de partida para tal estrategia. Construiré sobre esta base a medida que continúe con el resto de este libro y concluya con pasos prácticos para implementar un nuevo sistema de gestión de valores en su comunidad. El momento de actuar es ahora. Las generaciones futuras cuentan con nosotros para entrar en el juego.

Parte 1
Los Principios

Capítulo 1
Cooperación

"Y dijo el Señor: He aquí, son un solo pueblo y todos ellos tienen la misma lengua. Y esto es lo que han comenzado a hacer, y ahora nada de lo que se propongan hacer les será imposible."

Génesis 11:6

Los sistemas económicos actuales se basan en los principios de control (socialismo) y competencia (capitalismo). En realidad, estos "principios" son dos "príncipes" demoníacos primarios que Satanás estableció para supervisar el comercio mundial. *Vine a Dar* documenta esto con evidencia bíblica e histórica. Por lo tanto, ahora destacaremos el contraste entre los sistemas del hombre, basados en estos dos espíritus demoníacos, y el sistema planeado por Dios basado en el principio de cooperación.

Es fácil reconocer el daño creado por el socialismo y el espíritu de control. Sin embargo, es totalmente otra cosa identificar la destrucción creada por el capitalismo y el espíritu de competencia. Esto se debe a que la competencia se considera una virtud en la cultura occidental. Aquellos que sobresalen en ello son celebrados desde los campos de pelota de las ligas pequeñas hasta el Super Bowl [del futbol estadounidense].

El problema es que la Escritura no contiene un solo versículo donde se fomenta la competencia entre el pueblo de Dios o donde la participación en ella, dentro de ese contexto, produzca un resultado positivo. Ni uno. En cambio, las Escrituras revelan que la competencia resulta en rivalidad entre hermanos, división, una mentalidad de escasez y el rápido avance del reino de las tinieblas. Por lo tanto, debemos examinar de cerca el papel que juega la competencia en la economía y el debilitamiento del Reino de Dios.

El Camino del Hombre: Control y Competencia

Conectar el espíritu de control con socialismo y el espíritu de competencia con el capitalismo revela cómo cada uno de ellos daña a las naciones que los abraza. Cubrir los males del socialismo es una formalidad. La historia muestra claramente que viola numerosos principios bíblicos, comenzando con la cooperación, la mayordomía y la abundancia.

- La cooperación creativa no puede prosperar en un entorno de control dirigido por el Estado.

- Control estatal de los recursos y los medios de producción contrasta con que Dios asigna la mayordomía a los individuos de acuerdo con los dones y talentos que Él puso en ellos.

- El estado reclama el control sobre los recursos porque afirma que son escasos. Luego usan la escasez para controlar a la población. Dios, sin embargo, nos dice que los recursos son abundantes cuando los administramos adecuadamente para Sus propósitos.

El socialismo prohíbe a los ciudadanos elegir libremente dónde desplegar su trabajo. Obstaculiza su capacidad de expresar la imagen de Dios y construir Su Reino. En cambio, roba el valor que crean y lo dirige hacia el avance de los objetivos del estado y la construcción de su reino.

Bajo el socialismo, los líderes del Estado se ven a sí mismos como dioses que suplen las necesidades de la gente. Por lo tanto, su sistema económico limita intencionalmente los incentivos para que las personas cuidar el bienestar físico, emocional y espiritual de sus conciudadanos. La dependencia inhibe su deseo natural de libertad y prosperidad para ellos y sus vecinos.

La historia es clara en que el control estatal de los recursos naturales y humanos siempre ha sido un fracaso estrepitoso. El control opresivo crea una espiral descendente de desesperanza y desesperación. A medida que decae el bienestar emocional, físico y espiritual de individuos, familias y comunidades, la economía sufre una muerte lenta y dolorosa. Esta no es la buena intención de Dios para la humanidad. Por lo tanto, un sistema económico socialista claramente no está alineado con los caminos de Dios.

La dura verdad es que el capitalismo, tal como se practica hoy, no es mejor. Sus fuerzas destructivas simplemente se manifiestan de una manera más sutil. Cuando hago esa afirmación, a menudo recibo una respuesta negativa. No es difícil entender por qué. Comenzando en la escuela primaria, nos enseñaban el mantra, "El capitalismo es el mejor sistema económico jamás ideado por el hombre. Ha creado más prosperidad y ha sacado a más personas de la pobreza que cualquier otro sistema económico en la historia".

Concederé este punto. Sin embargo, el capitalismo no produce el tipo de prosperidad que Jesús vino a dar a cada ser humano. Un examinar la definición oficial nos dice por qué esto es cierto.

> "[El capitalismo es] un sistema económico caracterizado por la propiedad privada o corporativa de bienes de capital, por inversiones que están determinadas por decisión privada, y por precios, producción y distribución de bienes que están determinados principalmente por la competencia en un libre."

Todos estamos de acuerdo en que la capacidad de elegir qué producir y con quién comerciar "en un mercado libre" es un principio bíblico. El problema es la palabra que precede a esa frase: "competencia." Como se mencionó anteriormente, no hay un solo versículo en las Escrituras donde se dirija o aliente la competencia entre el pueblo de Dios. De hecho, la Escritura hable directa y enérgicamente en contra de ella. Gálatas 5 es el pasaje más conciso en el Nuevo Testamento que revela esta verdad. Es útil dividirlo en tres secciones, comenzando con los versículos 13 y 14.

> "Pero si os mordéis y os devoráis unos a otros, tened cuidado, no sea que os consumáis unos a otros. Digo, pues: Andad por el Espíritu, y no cumpliréis el deseo de la carne. Porque el deseo de la carne es contra el Espíritu, y el del Espíritu es contra la carne, pues estos se oponen el uno al otro, de manera que no podéis hacer lo que deseáis. Pero si sois guiados por el Espíritu, no estáis bajo la ley."

Este pasaje nos dice que somos libres de elegir cómo interactuar con otros seres humanos. Como seguidores de Jesús, elegimos amarnos y servirnos unos a otros porque hacerlo cumple con *toda la Ley*. Servir y amar a tu prójimo y al mismo tiempo competir con él es difícil, si no imposible. Los siguientes versículos lo dejan claro al describir dos conjuntos de comportamientos muy diferentes que no pueden coexistir.

> "Pero si os mordéis y os devoráis unos a otros, tened cuidado, no sea que os consumáis unos a otros. Digo, pues: Andad por el Espíritu, y no cumpliréis el deseo de la carne. Porque el deseo de la carne es contra el Espíritu, y el del Espíritu es contra la carne, pues estos se oponen el uno al otro, de manera que no podéis hacer lo que deseáis. Pero si sois guiados por el Espíritu, no estáis bajo la ley."
> Gálatas 5:15-18

En este pasaje, la palabra griega para "morder" significa "herir el alma, cortar, lacerar, rasgar con reproches". La definición griega de la palabra traducida como "devorar" es "despojar a uno de sus bienes". La palabra griega traducida como "consumido" significa "usar, destruir". Morderse, devorarse y consumirse no es la forma en que Dios pretendía que Su pueblo se trataran unos a otros. Pablo entonces revela que *nuestra verdadera competencia es entre la carne y las espirituales de las tinieblas*. Luego hace una clara distinción entre los que se dejan guiar por uno y los que se dejan guiar por el otro.

"Ahora las obras de la carne son evidentes, que son: inmoralidad, impureza, sensualidad, idolatría, hechicería, enemistades, luchas, celos, arrebatos de ira, disputas, disensiones, facciones, envidias, embriaguez, orgías y cosas como estas, de las cuales les advierto, así como les he advertido, que aquellos que practican tales cosas no heredarán el reino de Dios."
Gálatas 5:19-21 (NASB)

Tengo una pregunta. ¿Ha sido testigo de alguno de los siguientes comportamientos cuando hay competencia?

Enemistades, idolatría, luchas, celos, arrebatos de ira, envidia, disputas, disensiones o facciones.

Por supuesto. Eso significa el "fruto de la carne" es un "indicación" que el espíritu de competencia está presente y activo. Sin embargo, nuestra mayor preocupación debería ser lo que dijo Pablo inmediatamente después de enumerar estos comportamientos.

"Aquellos que practican tales cosas no heredarán el Reino de Dios."

No heredará el Reino de Dios.

Esta es una declaración directa y concluyente. No hay forma de racionalizarla. Aquellos cuyo verdadero carácter está definido por el fruto de la carne no heredan el Reino de Dios.

Espíritu Santo, ayúdanos ahora.

La competencia en la forma de "la supervivencia del más apto" es lo que, según los evolucionistas neodarwinistas, produjo la diversidad y abundancia de vida en este planeta. Una cultura que abraza una cosmovisión neodarwinista siempre concluirá que es *lógico y deseable manifestar el fruto de la carne en el mercado.* "Ganando" es cómo sobrevives. Más allá de eso, se nos enseña que "ganar" también produce "abundancia" para el individuo.

Trágicamente, durante generaciones, casi todos en el mundo

occidental, la iglesia incluida, han aceptado la idea de que un sistema económico que adopta principios neodarwinistas es el mejor sistema económico posible. De hecho, los seguidores de Jesús lo defienden reflexivamente sin cuestionarlo, *aun cuando a pesar de que el fruto que produce en el comportamiento humano los descalifica para heredar el Reino de Dios.*

Consideremos ahora el fruto del Espíritu.

"Mas el fruto del Espíritu es amor, gozo, paz, paciencia,
benignidad, bondad, fidelidad, mansedumbre, dominio propio;
contra tales cosas no hay ley. Pues los que son de Cristo Jesús
han crucificado la carne con sus pasiones y deseos."
Gálatas 5:22-24

El fruto del Espíritu no puede coexistir con el fruto de la carne. Por lo tanto, un modelo económico neodarwinista de "supervivencia del más apto" que manifieste el fruto de la carne no puede formar el fundamento de una cosmovisión económica bíblica. Pablo concluye esta enseñanza resumiendo su conclusión.

Si vivimos por el Espíritu, andemos también por el Espíritu.
No nos hagamos vanagloriosos, provocándonos unos a otros,
envidiándonos unos a otros."
Gálatas 5:25-26

A pesar de la clara advertencia de la palabra de Dios, permitimos que Satanás diera a luz el capitalismo neodarwinista. Ha provocado que el pueblo de Dios prefiera la comodidad individual, la auto gratificación y el estatus por encima de la relación con Dios y amar a nuestro prójimo. El frenesí de auto consumo autocomplaciente resultante[6] ha llevado a la violación y el saqueo de los abundantes recursos de la Creación. Mientras tanto, los restos del sistema se arrojan a los pobres, oprimidos, viudas y huérfanos para que puedan

---

[6] *The Century of the Self*, 2002 BBC Documentary
(https://www.youtube.com/watch?v=DnPmg0R1M04&t=5s)

sobrevivir. ¿Cómo llegamos a ser tan ciegos como para creer que este es el sistema económico sobre el cual Dios quiere que construyamos Su Reino? ¿Cómo llegamos a ser tan engañados por estas tradiciones de los hombres?

El Falso Dilema

Dios espera que Su pueblo esté preparado para defender los principios bíblicos en el ámbito público en lo que respecta a asuntos importantes para Su Reino.[7] Desafortunadamente, la mayoría de los seguidores de Jesús han perdido su capacidad de comunicarse basándose en las leyes de la lógica y la razón. El pensamiento crítico y la curiosidad intelectual se han dejado de lado en favor del legalismo o la hiper espiritualidad. Este fenómeno ha hecho que la ekklesia no considere que el hecho de que el capitalismo sea el mejor sistema económico ideado por el hombre no significa que sea el mejor sistema *posible*.

Las consecuencias de esta singular omisión son asombrosas. Ha dejado a los seguidores de Jesús a creer que su única opción es entre socialismo y capitalismo. En el estudio de la lógica, limitar las opciones a una proposición de "o esto o aquello" es una falacia lógica conocida como el "falso dilema". Esto se utiliza intencionalmente para impedir que se consideren alternativas.

El resultado es predecible. En lugar de razonar juntos[8] (cooperar), en busca de una mejor alternativa, el espíritu de competencia entra en la sala y cada persona se ve obligada a elegir un bando. Entonces comienza el predecible ataque de mordeduras y devoraciones, mientras cada bando defiende su posición elegida.

Dado que los sistemas actuales fueron diseñados por los reyes de la tierra, no debería sorprender que el debate sobre la teoría económica y monetaria moderna se base en falsos dilemas. Socialismo vs. Capitalismo. Dinero respaldado por oro vs. papel moneda fiduciario. Estos argumentos han existido durante generaciones y sirven a los

---

[7] Isaías 1:18, 1 Pedro 3:15
[8] Isaiah 1:18

enemigos de Dios al crear una narrativa llena de división y confusión, mientras que los reyes de la tierra felizmente promueven su agenda.

Lamentablemente, la iglesia continúa cayendo en estos falsos dilemas por dos razones principales. Primero es una ausencia de una cosmovisión económica bíblica. Los seguidores de Jesús no comprenden el papel de los espíritus de control y competencia en el plan de Satanás para dominar los sistemas económicos y monetarios del mundo. Segundo es que desde el momento en que conocemos nuestra fe cristiana, se nos enseña que hay opciones claras entre el bien y el mal. Aprendemos sobre la luz y la oscuridad, el bien y el mal, el cielo y el infierno, el pecado y la salvación.

Gran parte de la fe cristiana se presenta a través de estas líneas claras de demarcación que es fácil para nosotros creer que es normal, si no imperativo, reducir las soluciones a las opciones de uno u otro. Por lo tanto, cuando los reyes de la tierra nos presentan dos opciones, no nos preguntamos: "¿Son estas las únicas opciones disponibles?"

Irónicamente, esta falta de curiosidad ha permitido al enemigo combinar los peores elementos del socialismo y el capitalismo en un tercer sistema económico. El "corporativismo" es la alianza impía entre los espíritus del control y la competencia. Las empresas multinacionales y los gobiernos centrales toman prestado el principio de *cooperar* para construir una Torre de Babel económica donde se sientan como un "dios" que gobierna los recursos del mundo.

¿Cómo hemos llegado hasta aquí? La dura verdad es que la ekklesia hace mucho tiempo cayó presa del falso dilema y eligió abrazar el capitalismo neodarwinista. El espíritu de competencia se hizo tan poderoso que creció hasta dominar las prácticas de la iglesia en el mercado y el ministerio. Esto dejó al mundo vacío de una verdadera cosmovisión económica bíblica. Hoy, el mundo está siendo devorado por el malvado engendro evolutivo del capitalismo neodarwinista: el corporativismo.

El mundo ahora está cosechando las consecuencias. La mala noticia es que, hasta ahora, la única respuesta de la ekklesia ha sido condenar el lado más oscuro del corporativismo. La buena noticia es que el Espíritu Santo se está moviendo. Las escamas están cayendo de los ojos de los oprimidos por esta abominación de un sistema económico, y puede que se sorprenda al saber quién es liderando este despertar.

Los Millennials y la generación Z ver los peligros del corporativismo mejor que las generaciones bajo las cuales surgió. Mientras que algunas generaciones mayores ven a las generaciones más jóvenes como desconectadas y desmotivadas, creo que Dios ha inoculado a estas generaciones más jóvenes contra el espíritu de competencia para un momento como este. Tim Denning, colaborador de *Medium*, un popular agregador (aplicación que te permite aunar en un solo espacio datos existentes en distintas plataformas digitales) de blogs entre los Millennials, proporciona información sobre cómo piensan:

"Hemos visto a nuestros padres perseguir el llamado 'sueño americano' de ser propietarios de vivienda, 2 autos, 2 niños y un perro perfectamente arreglado listo para la festiva cena del sábado con los Jones. Por alguna razón, esto no parece dar ningún *significado* a nuestros padres y, como generación, hemos aprendido a cuestionarlo todo ... A menos que pueda ayudar a mostrarnos cómo el trabajo que hacemos le dará *significado* a nuestra vida, rápidamente nos desconectaremos, tomaremos el cheque de pago y luego encontraremos un camino de renunciar para que podamos hacer un trabajo que tenga *significado*".[9] (énfasis mío)

La generación de Millennials y Generación Z son, en muchos aspectos, huérfanos económicos en busca de un nuevo hogar y una nueva identidad. No están interesados simplemente en subirse a una cinta para luchar por más dinero, más cosas y más estatus. Tienen una definición diferente de "prosperidad" que sus padres y, sin embargo, no hay alternativa económica que les ayude a vivirla.

---

[9] https://medium.com

Como crecieron bajo el capitalismo, el falso dilema los ha llevado a recurrir a alguna forma de socialismo. La mayoría no está satisfecha, ya que temen el "Gran Reset." Ven la oferta de los reyes de la tierra como otra forma de corporativismo global. Saben instintivamente que no les brindará el futuro que buscan, y muchos se abstienen de formar una familia por esa razón.

¿Qué se supone entonces que ellos y nosotros debemos hacer?

El Camino "Radical" de Dios: La Cooperación

El capitalismo está tan arraigado en nuestra cultura que sugerir que es posible crear un nuevo sistema económico basado en la cooperación se enfrentará, en el mejor de los casos, con escepticismo y posiblemente incluso con el ridículo absoluto, incluso por parte de seguidores de Jesús. Sin embargo, la creación de un sistema de este tipo está a nuestro alcance *si* logramos liberarnos del engaño que nos ha cegado y regresar a la Palabra de Dios para tener dirección.

Así como con *Vine a Dar*, Dios me indicó que comenzara desde el principio. A lo largo de la narración de la Creación, Dios describió lo que había hecho como "bueno" o "muy bueno". Dios puso a Adán en el jardín para que lo cultivara y cuidara[10] con la intención de que la humanidad hiciera lo mismo mientras extendía el Reino de Dios hasta los confines de la tierra. Luego reconoció que todavía faltaba algo.

> "Entonces el SEÑOR Dios dijo: "No es bueno que el hombre
> esté solo; Lo haré un ayudante adecuado para él."
> Génesis 2:18 (NASB)

Las palabras "no es bueno" deberían destacarse de la página. Es la única vez que Dios los usó en la narrativa de la Creación, y describen lo único que dejó la Creación incompleta. Sin embargo, ¿cuál fue el propósito principal de Dios al crear a Eva? ¿Compañerismo? ¿Procreación? Ciertamente, esos son importantes. Sin embargo, tenga

---

[10] Génesis 2:15

en cuenta que Dios enfatizó que Eva fue creada para *ayudar* a Adán. Debían *cooperar* entre sí y con Él para cultivar y conservar la Creación. Así es como generarían los recursos prácticos necesarios para cumplir Su mandato de "ser fructíferos, multiplicaros y dominar la tierra".[11]

En los dos primeros capítulos de la Biblia, Dios incorporó el principio de cooperación en Su sistema económico. Respecto a Eva, Él no dijo: "Haré un competidor que lo llevará a nuevas alturas de innovación". De hecho, en la caída, Dios reveló que el control y la competencia nunca fueron parte de Su plan.[12] En cambio, estos dos espíritus crearían un obstáculo importante para el mandato de Adán y Eva de someter la tierra. Las Escrituras registran claramente el impacto que la competencia ha tenido en la humanidad, la Creación y la capacidad del pueblo de Dios para construir Su Reino a partir de ese día.

Afortunadamente, Escrituras también contiene ejemplos de lo que sucede cuando la cooperación desplaza a la competencia, lo que revela el marcado contraste entre los caminos del hombre y los caminos de Dios. Un ejemplo se encuentra en este extracto de *Vine a Dar*, capítulo cinco, en la sección titulada "Robar el Libro de Jugadas". Comienza en el mundo inmediatamente posterior al diluvio, cuando los humanos estaban reconstruyendo la tierra.

"Satanás aprendió que la anarquía no era un medio sostenible para gobernar a aquellos que eligieron llevar su imagen. Por lo tanto, en lugar de contrarrestar directamente los Principios de Dios de la Construcción del Reino, los "tomó prestados" cuando servía a sus propósitos. Este cambio táctico alteró el curso de la historia.

Al ver la insensatez de la anarquía desencadenada por la liberación descontrolada de los espíritus de control y competencia, Satanás les ordenó que asumieran un papel secundario. En cambio, sus Imagers comenzaron a *cooperar*. Los reyes de la tierra tomaron consejo juntos

---

[11] Génesis 1:28
[12] Génesis 3:16

y compartieron su conocimiento colectivo para tomar una posición contra el Señor y Su ungido. [13] A medida que crecía el número de naciones alineadas con la imagen de Satanás, su cooperación creó un monstruo político y económico. Todo lo que les faltaba era el poder espiritual necesario para terminar el trabajo. Tenían la intención de que la Torre de Babel proporcionara ese poder.

Si se hubiera permitido que se completara la Torre, la creación de una potencia económica, política y espiritual permitiría a los humanos caídos alcanzar una masa crítica. Bajo la guía de los *gibbors*, [es decir, nefilim o gigantes], podrían hacerse un *nombre* por sí mismos, una imagen invencible que serviría como inspiración para construir un reino que no fuera de Dios. La situación era grave. Dios dijo que, si llegaban a este punto, "nada de lo que se propongan hacer les será imposible".[14]

Esto parecía presentar a Dios un dilema. Prometió no destruir la tierra de nuevo. Sin embargo, si a los reyes de la tierra se le diera un portal al mundo demoníaco, el resultado sería catastrófico. A medida que los reyes de la tierra construyeron sus reinos demoníacos, habrían saqueado los recursos naturales de la tierra. El caos social, económico y ambiental habría rivalizado con la carnicería previa a la inundación provocada por los espíritus descontrolados del control y la competencia. Dios no tuvo más remedio que intervenir una vez más.

> "Vamos, bajemos y allí confundamos su lengua, para que nadie
> entienda el lenguaje del otro. Así los dispersó el Señor desde allí
> sobre la faz de toda la tierra, y dejaron de edificar la ciudad."
> Génesis 11:7-8

Esta sola acción desencadenó un evento que cambió el curso de la historia humana una vez más. También validó la necesidad no negociable de los Principios de Construcción del Reino para completar el Gran Proyecto de Construcción.

---

[13] Salmo 2:1-3
[14] Génesis 11:6

Sin comunicación, no puede haber cooperación. Sin cooperación, las personas no pueden reunir los recursos necesarios para construir una torre, una ciudad o "cualquier otra cosa que [habrían] decidido hacer". Cuando Dios confundió el lenguaje del pueblo, tuvo el efecto de imponer duras sanciones económicas a las naciones gentiles, frustrando el intento del enemigo de cooptar el principio de cooperación para construir su reino."

(fin del extracto)

Vamos a desglosar esto en sus puntos clave.

- Cuando Satanás recurrió a la cooperación para permitir que sus reclutas construyeran su reino, fue una admisión de que el camino de Dios y Su principio de cooperación es más poderoso que los caminos del hombre y los espíritus de control y competencia de Satanás.

- Cuando Dios dijo: "nada de lo que se propongan hacer les será imposible", validó el poder del principio de cooperación, independientemente de quién lo esté practicando.

- La cooperación requiere una comunicación eficaz, que se ve reforzada por un lenguaje común.

- Cuando Dios intervino y confundió su lenguaje, terminó con el "robo" de Satanás del principio de cooperación e impuso sanciones económicas a las naciones gentiles para que no pudieran construir un reino dominante en la tierra.

Examinemos esto a la luz de cómo Dios decidió resolver el problema de estas sanciones económicas para que personas de todas las naciones pudieran eventualmente construir Su Reino en la tierra. A continuación, se muestra otro extracto de *Vine a Dar*, esta vez del capítulo quince. Comienza después de la muerte y resurrección de Jesús.

"Durante 2200 años, las sanciones económicas impuestas a las naciones desheredadas en la Torre de Babel permanecieron vigentes. Ahora, el imperio más poderoso del mundo estaba sufriendo un colapso económico catastrófico. ¿Cómo podrían los ciudadanos de un nuevo Reino, uno que apenas entendían, reunir los recursos humanos y naturales necesarios para llevar el Reino de Dios hasta los confines de la tierra?

Entra Dios…

Comunicación Restaurada

La "bondadosa intención" para la humanidad es clara. La reconciliación de las naciones por medio de Jesús [de vuelta al Padre en la cruz] proporcionó una abundancia de recursos humanos que podrían aplicar los Principios de la Construcción del Reino. Sin embargo, aprendimos en Génesis 11 que las naciones gentiles con diversas culturas e idiomas son incapaces de cooperar en una escala lo suficientemente grande como para construir un reino único y dominante. ¿Cómo pudo la iglesia primitiva superar este problema?

Entra el Espíritu Santo.

En Pentecostés, los discípulos de Jesús fueron llenos del Espíritu Santo y comenzaron a hablar en lenguas. Los judíos que vivían en Jerusalén que eran de todas las naciones se reunieron al escuchar estos sonidos. Estaban confundidos porque cada uno podía escuchar las maravillas de Dios proclamadas en su propio idioma.[15]

"Todos estaban asombrados y perplejos, diciéndose unos a
otros: ¿Qué quiere decir esto?"
Hechos 2:12

¡Qué quiere decir esto en efecto!

No hay duda de que la muerte y resurrección de Jesús y

---

[15] Hechos 2:1-11

Pentecostés fueron eventos importantes en el contexto más amplio de la historia humana. Lo que en gran medida no se habla es que también fueron eventos importantes en la historia económica. *Por primera vez en 2200 años, los ciudadanos de cada nación de la tierra podrían cooperar entre sí a través del poder del Espíritu Santo.*[16]

Jesús levantó la sanción económica impuesta en la Torre de Babel. Fue posible una vez más que todas las naciones trabajaran juntas, y "nada de lo que se propongan hacer les será imposible". Pero espera. La última vez que eso sucedió, estaban a punto de establecer un reino dominante en la tierra, y no era el de Dios. ¿No era eso un peligro todavía?

No.

Jesús derrotó a Satanás en la cruz. Por lo tanto, en Pentecostés, el Espíritu Santo se convirtió en el único canal de comunicación a través del cual las naciones gentiles podían cooperar a una escala lo suficientemente grande como para construir un Reino dominante en la tierra. ¿Y qué principios crees que el Espíritu Santo permitió que llegaran a los nuevos Imagers de Dios?[17] ¡Cooperación, mayordomía, abundancia, identidad y sostenibilidad!

Dios es asombroso. A través del fruto del Espíritu,[18] todos Sus Imagers pueden ahora trabajar juntos para construir *Su* Reino. Mientras tanto, los reyes de la tierra tienen que lidiar con el fruto de la carne[19] haciendo imposible para ellos cooperen y establecer el reino de Satanás como el reino dominante en la tierra.

El resultado del juego ya no está en duda. ¡La victoria de Jesús anuló la declaración del "Y seré" de Satanás! Todo lo que puede esperar hacer ahora es extender el juego tanto tiempo como posible. Ahora leamos el siguiente versículo a la luz de esta verdad:

"Y dijo el Señor: He aquí, son un solo pueblo y todos ellos

---

[16] Juan 14:16,17
[17] Juan 14:26
[18] Gálatas 5:22-23
[19] Gálatas 5:19-21

> tienen la misma lengua [por medio del poder del Espíritu Santo]. Y esto es lo que han comenzado a hacer [construir el Reino de Dios], y ahora nada de lo que se propongan hacer les será imposible."
> Génesis 11:6 (adiciones mías)

Hoy, en este momento, tú y yo y el resto de los Imagers de Dios tenemos la capacidad de cumplir la oración de Jesús, "Venga tu Reino..." Cuando tengamos nuestras mentes envueltas en esta realidad, el [Reino de Dios] avanzará a un ritmo que pocos hoy creen que es posible."

(fin del extracto)

Un sistema económico basado en la cooperación en lugar de la competencia parecerá radical en un mundo donde las tradiciones de los hombres han invalidado la palabra de Dios. La buena noticia es que nunca es demasiado tarde para abrazar Sus caminos radicales. Sin embargo, por muy importante que sea el principio de cooperación para el plan de restauración de Dios, es solo el comienzo. Hay cuatro principios más que, cuando se combinan con la cooperación, producirán un tipo de abundancia y prosperidad que Dios siempre quiso que disfrutáramos mientras trabajamos con Él para extender Su Reino por toda la tierra.

Capítulo 2
Mayordomía

"Entonces el Señor Dios tomó al hombre y lo puso en el huerto
del Edén, para que lo cultivara y lo cuidara."
Génesis 2:15

Cumplir nuestro mandato de construir el Reino de Dios en la tierra requiere recursos tanto tangibles como intangibles. La forma en que gestionamos estos recursos es fundamental. Determinará si los recursos que Dios nos da permanecerán en Su Reino o si serán robados y dirigidos a manos del enemigo para construir el suyo reino. Es realmente así de simple. La clave para gestionar adecuadamente estos recursos reside en comprender a quién pertenecen y administrarlos en consecuencia.

El camino del hombre nos enseña que somos *dueños* de los recursos El camino de Dios nos enseña que Él es el dueño de ellos, y nosotros somos Sus *mayordomos*. Por lo tanto, es importante conocer la diferencia entre un "mayordomo" y un "propietario". La definición griega de la palabra traducida como "mayordomo" en el Nuevo Testamento es *oikonomos*. Se deriva de la palabra base *"oikos"* que significa un hogar donde habita una familia. tenga en cuenta que la mayordomía comienza dentro de la unidad familiar.

La concordancia de Strong define a *"oikonomos"* como un administrador de asuntos domésticos. Estos administradores eran a menudo personas fuera de la familia nuclear a quien el jefe de la casa o propietario confiaba la gestión de los asuntos familiares. Incluía el cuidado de los recibos y gastos y el deber de distribuir la parte adecuada de los recursos a los sirvientes y los niños. Por definición *y* ejemplo, un mayordomo es alguien que realiza transacciones comerciales de una manera que complacerá al jefe de familia, es decir, *al propietario.*

La Escritura es clara en que Dios es dueño de *todo*.[20] Eso significa que todo lo que Él nos da, lo da con la intención de que lo administremos de manera que le agrade a Él. Podríamos detenernos allí. Sin embargo, las Escrituras tienen mucho más que decir acerca de la relación entre un mayordomo de recursos y el propietario. Considere las palabras "Señor" y "Rey" que se usan para describir a Jesús en el Nuevo Testamento.

La palabra griega para "rey" es *basileus*, y significa "líder del pueblo, príncipe, comandante, señor de la tierra, rey". La palabra griega traducida como "señor" es *kurios*, y significa "aquel a quien pertenece una persona o cosa, sobre el cual tiene el poder de decidir; amo, señor, poseedor y eliminador de una cosa, *el dueño*". (énfasis mío) *Basileus*/rey transmite liderazgo. *Kurios*/señor transmite *la propiedad*. Esta diferencia tiene implicaciones para la interpretación del Nuevo Testamento en general, y sin duda para la comprensión de la economía bíblica.

Las Escrituras nos dicen que Jesús *creó* todas las cosas,[21] y Él sostiene la Creación por la palabra de Su poder.[22] Tres veces en el Nuevo Testamento, la Escritura también nos dice que el que hace esto es llamado "Rey de reyes" y "Señor de señores".[23] Conociendo la definición de estas palabras, ahora podemos leer esto como "Líder de todos los que lideran" y "Dueño de todos los que dicen poseer". Al comprender la propiedad en su contexto bíblico adecuado, podemos comenzar a ver los peligros que el énfasis del capitalismo en la propiedad plantea para la mayordomía adecuada.

Antes de continuar, permítanme ser claro en un punto crucial. Nuestro sistema legal asigna legítimamente a las personas la "propiedad" de varios tipos de propiedades, incluyendo tierras, inversiones y similares. Estas leyes son necesarias para crear límites

---

[20] Salmo 50:10-12, Hageo 2:8, et. al.
[21] Juan 1:3
[22] Hebreos 1:3
[23] 1 Timoteo 6:15, Apocalipsis 17:14, 19:16

que impidan la confiscación forzosa de activos por parte de actores nefastos, incluido el Estado.

Sin embargo, mucho más allá de reclamar la propiedad "legal" con fines de protección, el capitalismo, y especialmente el corporativismo, promueven una mentalidad de propiedad "personal" en el sentido más literal. ¡Es *mío*! Esta trampa hace que muchos seguidores de Jesús usen lo que "legalmente" poseen para complacer primero al jefe de "*mi*" familia.

El enemigo quiere convencernos de que estamos justificados para "administrar" lo que Dios nos ha dado para crear *primero* una vida de consuelo y riqueza para nosotros y nuestras familias que rivalice con las vidas de *reyes y señores* hace mil años. Sólo entonces dirigimos nuestra atención a los pobres, huérfanos y viudas. ¿Acaso esto le agrada al "Rey de reyes y Señor de señores"? No, no le agrada. En cambio, cuando recibimos algo de la mano de Dios, nuestra respuesta inmediata debería ser...

"Rey de reyes y Señor de señores, *esto es tuyo. ¿Qué quieres que haga con ello?*"

Es importante señalar que, de aquí en adelante, a menos que se indique lo contrario, el término "propio" o "propietario", cuando aplicado a un seguidor de Jesús, se utilizará bajo el supuesto de que ejerce la propiedad "legal" en el contexto de esa simple oración. Desafortunadamente, para la mayoría de las personas en el mundo, este no es el caso. Como consecuencia, han adoptado sistemas económicos que permiten al enemigo robar, matar y destruir recursos a una escala que no podemos comprender.

El Camino del Hombre: la Propiedad a través del Intercambio Ilegal

Satanás entiende la economía y el papel que juegan los parqués en la creación de activos para reinos mejor de lo que la iglesia los entiende. Por ello, en el Jardín del Edén, estableció los parqués que le permiten robar recursos que no le pertenecían legítimamente.

> "Y la serpiente dijo a la mujer: Ciertamente no moriréis. Pues
> Dios sabe que el día que de él comáis, serán abiertos vuestros
> ojos y *seréis como Dios*, conociendo el bien y el mal."
> Génesis 3:4-5 (énfasis mío)

Con esta declaración, Satanás desató el espíritu de control sobre Eva, y ella no estaba preparada para lidiar con eso. Luego, la llevó inmediatamente a un parqué y convenció de entrar en un intercambio ilegal. Cuando Eva arrancó un fruto que no le había sido encomendado administrar de un árbol que tenía prohibido tocar, reclamó de facto la propiedad del mismo. En ese instante, se convirtió en lo que es Satanás—una ladrona—y con el mismo propósito: "ser como Dios". Esta violación del principio de la mayordomía, y el intercambio resultante, cambiaron el curso de la historia para siempre.

Apropiarse de algo que pertenece a Dios y utilizarlo para beneficio propio a expensas del Reino de Dios es *siempre* consecuencia de sucumbir al espíritu de control o de competencia.

Sin embargo, este es la forma preferida por el ser humano para realizar negocios en "el mejor sistema económico creado por el hombre".

Sí, Satanás ha desarrollado una estrategia de lenguaje astuto para ocultar los espíritus de control y competencia dentro de estos sistemas económicos y monetarios actuales. El resultado es el que cabía esperar. Los reyes de la tierra tienen el poder de crear parqués que facilitan todo tipo de intercambio ilegal—y utilizan las ganancias para construir sus reinos.

Ahora una realidad incómoda comenzará a meter presión. Hemos sido adoctrinados para aceptar los sistemas económicos como buenos y útiles en nuestra búsqueda por construir el Reino de Dios. Desafortunadamente, es una mentira. Para verlo, debemos sacar una distinción sutil pero importante en la definición de los términos clave utilizados para describir estos sistemas.

Tomemos, por ejemplo, el término "derecho de la propiedad privada". Ese término es un principio fundamental del capitalismo. Ha abierto un camino para que los seguidores de Jesús hagamos el corto viaje en nuestras mentes de la propiedad "legal" a la propiedad "personal". Allí, el enemigo nos convence de que lo que se nos da es una "bendición de Dios" que podemos usar para complacernos a nosotros mismos. Jesús nos dio un claro ejemplo de cómo se ve el caer presa de este engaño.

> "Y he aquí se le acercó uno y dijo: Maestro, ¿qué bien haré para obtener la vida eterna? Y Él le dijo: ¿Por qué me preguntas acerca de lo bueno? Solo Uno es bueno; pero si deseas entrar en la vida, guarda los mandamientos. Él le dijo*: ¿Cuáles? Y Jesús respondió: No matarás; no cometerás adulterio; no hurtarás; no darás falso testimonio; honra a tu padre y a tu madre; y amarás a tu prójimo como a ti mismo. El joven le dijo*: Todo esto lo he guardado; ¿qué me falta todavía? Jesús le dijo: Si quieres ser perfecto, ve y vende lo que posees y da a los pobres, y tendrás tesoro en los cielos; y ven, sígueme. Pero al oír el joven estas palabras, se fue triste, porque era dueño de muchos bienes. Y Jesús dijo a sus discípulos: En verdad os digo que es difícil que un rico entre en el reino de los cielos."
> Mateo 19:16-23

Mientras que muchos seguidores de Jesús buscan sinceramente administrar lo que "legalmente poseen" para avanzar en el Reino de Dios, muchos otros solo hablan de boquilla del principio de la mayordomía en lo que respecta a la gran mayoría de sus posesiones, particularmente en Occidente. En realidad, son jóvenes ricos. Cuando se los pone a prueba, cometen el mismo pecado—les importan más sus posesiones que las instrucciones del Rey de reyes y Señor de señores.

En Su vida y enseñanzas, Jesús demostró que una de las razones principales por las que nos da la capacidad de generar recursos es para liberar a los oprimidos y cuidar a los pobres, las viudas y los huérfanos. Al hacerlo, se manifiesta que el Reino de Dios está cerca.[24] Que los

---

[24] Mateo 10:5-9, Lucas 4:18,19, Lucas 14:12-15

seguidores de Jesús vivan en la "bendición" de la comodidad, la tranquilidad y las riquezas, cuando los pobres, huérfanos y viudas entre nosotros están en apuros, no solo está ausente de las Escrituras, sino que es una abominación para Dios.[25]

Establecer una clara distinción en el corazón, la mente y el espíritu entre la propiedad "legal" y la propiedad "personal", expone cómo el capitalismo neodarwinista está diseñado para imponer el mensaje de la propiedad personal y egocéntrica. Esto pone a uno en grave peligro.

> "Así que, por sus frutos los conoceréis. No todo el que me dice: «Señor, Señor», entrará en el reino de los cielos, sino el que hace la voluntad de mi Padre que está en los cielos. Muchos me dirán en aquel día: «Señor, Señor, ¿no profetizamos en tu nombre, y en tu nombre echamos fuera demonios, y en tu nombre hicimos muchos milagros?». Y entonces les declararé: «Jamás os conocí; apartaos de mí, los que practicáis la iniquidad»."
> Mateo 7:20-23

Señor ayúdanos. El enemigo se ha vuelto tan hábil en el uso de la estrategia del lenguaje para manipular a un público desprevenido e ignorante que se apropia de la verdad bíblica de que "no poseerás nada y serás feliz". Sin embargo, su definición de esa frase, como se utilizan en un video del Foro Económico Mundial, es la de reinstituir una sociedad neofeudal, con su propio conjunto de reyes, señores, vasallos y siervos. En su mundo, el "fruto de la tierra" volverá al ser propiedad y gestión de acuerdo con las mismas reglas y leyes que gobernaron la Europa medieval.

Esta distorsión perversa de una verdad bíblica causa una reacción negativa comprensible e inmediata para aquellos que tienen ojos para ver su agenda. El peligro radica en la capacidad del enemigo para usar esa reacción para crear una narrativa en torno a un falso dilema (capitalismo neodarwinista versus socialismo) y llevar a la iglesia más profundamente a una mentalidad de defensa de la propiedad personal egocéntrica a cualquier costo. El antídoto para los seguidores de Jesús

---

[25] Ezequiel Capítulo 18

es comprender plenamente "no poseerás nada y serás feliz" en el contexto de la mayordomía bíblica. El contraste puede entonces convertirse en un punto centralizador para enseñar la diferencia entre los caminos del hombre y los de Dios.

El Camino "Radical" de Dios: la Mayordomía Familiar

Somos hijos de Dios. Coherederos de la Creación con nuestro Rey. Hoy, Dios quiere colaborar con Su familia terrenal para restaurar sistemas económicos que administren la abundancia de la Creación. Un extracto del capítulo tres de *Vine a Dar* nos ayudará a identificar el fundamento de su sistema económico y cómo lo concibió para bendecir a toda la humanidad.

> "Entonces el Señor Dios tomó al hombre y lo puso en el huerto del Edén, para que lo cultivara y lo cuidara."
> Génesis 2:15

Comprender la importancia de este pasaje comienza con la definición de la palabra hebrea para "cultivar", que es *abad*. Se usa 290 veces en las Escrituras, y su raíz principal significa "servir". También es digno de mención que trece veces se traduce como un derivado de la palabra "adoración".

Cuando los Imagers de Dios "cultivan" el huerto, ¡es un acto de servicio a la Creación y un acto de adoración al Creador! Para cumplir con esta directiva, *debemos administrar los recursos naturales de la Creación para asegurar su mayor y mejor uso para avanzar el Reino de Dios.* Más adelante ampliaremos las implicaciones bastante asombrosas de esta declaración.

La segunda directiva es "cuidar" el huerto. La palabra hebrea utilizada aquí significa "guardar, observar, prestar atención, tener a su cargo, vigilar y custodiar, proteger, salvar la vida".

(fin del extracto)

Dios le dejó claro a Adán que el Huerto le pertenecía. Él lo creó y por lo tanto es "el dueño de la casa". Adán y Eva debían trabajar con

Dios para aprender a administrar el huerto de manera que produjera la abundancia necesaria para que pudieran "sed fecundos, multiplicaos y sojuzgad la tierra". En otras palabras, para expandir Su Reino por toda la tierra.

Uno de los mejores ejemplos en las Escrituras que revela lo que significa vivir este principio se encuentra más adelante en Génesis. Este libro donde los primeros once capítulos registran los primeros 2000 años de historia también dedica trece capítulos a la vida de un hombre. José. Sostengo que esto indica que probablemente sea importante que entendamos el "porqué".

El capítulo ocho de *Vine a Dar* muestra cómo Dios preservó Sus principios económicos a través de la nación de Israel hasta la venida del Mesías. El siguiente extracto es de una sección titulada "De la Abundancia a una Mazmorra a un Reino". Revela cómo la vida de José fue fundamental para establecer y preservar todos los principios económicos de Dios, pero principalmente el principio de la mayordomía.

"Dios había preparado el lugar perfecto para el entrenamiento de José. Pondría a prueba un legado generacional de caer en tentaciones y tomar malas decisiones que comenzó en el Huerto del Edén. Por lo tanto, no es de extrañar que su primera prueba reflejara la que enfrentaron Adán y Eva.

José se convirtió en esclavo en la casa de Potifar, guardaespaldas del faraón. Si bien la vida esclavizada por otro humano nunca es ideal, todavía él llevó una vida bastante cómoda. El favor de Dios estaba en José, y Potifar lo puso a cargo de toda su casa (el huerto). Potifar le proporcionó a José una vida llena de abundancia. Sin embargo, José mantuvo su "apetito" bajo control. La Escritura dice: "Él no se preocupaba por nada excepto por la comida que comía".[26]

No podemos perdernos la importancia de este detalle aparentemente menor en las Escrituras. José estaba satisfecho con sus necesidades básicas. Comprendió que fueron el base de su vida

---

[26] Génesis 39:6

abundante. Esta mentalidad le permitió a José pasar prueba tras prueba, comenzando con una prueba de límites.

En el Huerto del Edén, Dios puso un límite alrededor del árbol del conocimiento del bien y del mal. En la casa de Potifar, era la esposa de este. Así como Satanás cuestionó el límite establecido por Dios, la esposa de Potifar cuestionó el límite establecido por su esposo. "*¿Realmente* le importa si tienes sexo conmigo?"[27]

Al igual que Eva, José pudo haber sucumbido al espíritu de control. Podría haber extendido la mano y tomado esta "fruta prohibida" y usarla para sí mismo. Hacerlo habría sido una traición fatal al mandato de mayordomía que le había dado el amo de José. No habría sido diferente a la traición de Eva al mandato de Dios, y el resultado habría sido igualmente desastroso.

José no cedió ante la esposa de Potifar a pesar de su incansable caza.[28] ¡No sucumbió al espíritu de control! Dios podría haberlo recompensado y liberado de su esclavitud. Sin embargo, Dios no tenía la intención de sacar a José de las circunstancias necesarias para convertirlo en el líder que cumpliría la profecía predicha en sus sueños.

En cambio, en un ataque de ira, la esposa de Potifar acusó a José de intento de violación.[29] En un día, la vida de abundancia y comodidad de José fue reemplazada por la fría y dura realidad de una mazmorra egipcia. ¿Una segunda caída repentina de una posición de favor lo haría sucumbir a la escasez y el miedo? ¿Se enojaría y "maldeciría a Dios y morirse"?

No. En cambio, José respondió como lo hizo cuando se le vendió por primera vez al servicio de Potifar. José bajó la cabeza, mantuvo el apetito bajo control, portó la imagen de Dios y "cultivó" el huerto en el que Dios lo colocó. Debido a esto, el favor de Dios permaneció con José. Pronto encontró el favor del jefe carcelero, quien lo puso a cargo de todos los prisioneros y los asuntos diarios de la cárcel.

Si lo piensas, esto en sí mismo es un gran logro. Sin embargo, lo

---

[27] Génesis 39:8-11
[28] Génesis 39:10
[29] Génesis 39:13-18

que sucede a continuación es nada menos que asombroso. ¡Las Escrituras dicen que, bajo el liderazgo de José, los criminales *prosperaron*![30]

¿Cómo podría ser esto? José no estaba en una prisión moderna de "cuello blanco". Era una mazmorra pagana donde el rey mantenía a sus prisioneros políticos personales. Decir que no fueron bien tratados es una gran atenuación. ¿Quién esperaría que los criminales *prosperaran* en tales condiciones?

Pocas respuestas tienen sentido si usamos la definición típica de "prosperidad" del siglo XXI, que incluye una gran cuenta bancaria y muchas cosas. Sin embargo, ahora tenemos unos lentes a través de los cuales podemos ver esto en un contexto bíblico e histórico. El carácter y los dones de José, combinados con los principios de cooperación, mayordomía y abundancia, le permitieron producir un tipo muy diferente de prosperidad.

Imagínese a José enseñando a criminales endurecidos y enemigos políticos encarcelados injustamente que tener comida, ropa, refugio y relaciones estrechas con otros seres humanos es mucho más valioso que el estatus, la riqueza material e incluso la libertad. Los prisioneros dejarían de preocuparse por lo que no tenían (mentalidad de escasez) y estarían agradecidos por lo que tenían (mentalidad de abundancia).

Mientras vivían en esta nueva realidad, del bienestar emocional, físico y espiritual de cada prisionero mejoraría. Dejarían de depender de la competencia despiadada y el control para sobrevivir en condiciones tan duras. En ausencia de disturbios y conflictos constantes, las relaciones entre prisioneros y guardias mejorarían dramáticamente. Prevalecería una atmósfera de cooperación, paz y armonía.

Eso me suena a la definición de prosperidad de Dios.

La capacidad de José para cultivar y cuidar con éxito un huerto lleno de criminales demostró un grado poco común de liderazgo de servicio. Lograr que esta realidad estuviese profundamente arraigada

---

[30] Génesis 39:21-23

en el ADN espiritual de José fue tan importante que Dios le pidió que sirviera a sus compañeros de prisión y a los guardias de esta manera durante dos años más. Luego, en el tiempo señalado, el faraón lo liberó de la prisión para hacer frente la inminente hambruna predicha en su sueño.[31]

Debido a su firme dedicación a los caminos de Dios, José supo de inmediato qué hacer. Creó una red de personas que trabajaron juntas para preparar a la nación para lo que se avecinaba. Algunos cultivarían la tierra. Algunos crearían almacenes para apartar el exceso de siete años de abundancia. Otros "cuidarían" el grano almacenado del robo de parte de personas, plagas y deterioro.[32]

Este método de administrar los asuntos de una nación era ajeno para el faraón. Para su crédito, reconoció que su gobierno cuasi socialista y sus sistemas económicos estaban mal equipados para administrar los recursos y manejar la logística necesaria para sobrevivir una hambruna de siete años. Sabiamente delegó su autoridad a alguien que podría. No porque estuviera impresionado con la habilidad de José para interpretar los sueños. Sino más bien porque al faraón le dijeron lo que sucedió en su cárcel. Este hombre sabía lo que tomaría para que la gente prosperara en condiciones muy duras."

(fin del extracto)

José pasó su vida adulta en situaciones en las que estaba claro que él personalmente no poseía nada, *y era feliz*. Sabía que los recursos que se le daban eran de Dios. Ya sea que estuviera en la casa de Potifar, en una mazmorra egipcia o en el palacio del faraón como segundo al mando de todo Egipto, era su responsabilidad administrar esos recursos para complacer al verdadero Dueño. A cambio, el Dueño lo bendijo con una atmósfera donde el gozo y el contentamiento estaban disponibles en abundancia, independientemente de las circunstancias externas.

Esta es la bendición bajo la cual Dios siempre quiso que vivera la

---

[31] Génesis 41:1-28
[32] Génesis 41:47-49

humanidad. Comenzó con Adán y el dominio original dado a él y a Eva. [33] Luego la vida de José demuestra que, en un mundo caído, los caminos de Dios todavía pueden crear el tipo de prosperidad que permitirá a la humanidad cumplir con ese mandato.

Es importante tener en cuenta que la clave del éxito de José fue su habilidad para crear parqués que le permitieron adquirir y administrar recursos que incluían mucho más que bienes, servicios y dinero. Estos parqués le ayudaron a proteger y construir constantemente el bienestar emocional, físico y espiritual de su familia, e incluso en los prisioneros, a pesar del ataque implacable de los espíritus de control y competencia. Tendré mucho más que decir sobre esto en la parte 2.

Las elecciones de vida de José, su liderazgo, sus victorias y el contexto histórico en el que todo esto ocurrió ayudan a los seguidores de Jesús de hoy a entender la importancia de una mayordomía adecuada. Al crear parqués que produzcan los mismos resultados que José, podemos experimentar un crecimiento en nuestras relaciones personales y en nuestra intimidad con Dios y Su consejo. Esto nos lleva directamente a la manifestación del siguiente principio económico que Dios quiso que se practicara para construir Su Reino en la tierra.

---

[33] Genesis 1:28

Capítulo 3
Abundancia

"Y bendijo Dios a Noé y a sus hijos, y les dijo: Sed fecundos y
multiplicaos, y llenad la tierra."
Génesis 9:1

A estas alturas, ustedes están empezando a ver el marcado contraste entre los caminos del hombre y los caminos de Dios. Los dos últimos capítulos destacaron las estrategias lingüísticas empleadas por los reyes de la tierra para crear falsos dilemas con el fin de causar división y confusión entre el pueblo de Dios. Debido a su éxito en la creación de una mentalidad de escasez, a muchas personas les resultará difícil creer que en realidad existe una abundancia de recursos disponibles para la humanidad, si se gestionan adecuadamente.

Como ya saben, una de las principales razones es que nuestra visión económica del mundo se basa en el control, la competencia y la propiedad. El mensaje es: "O lo consigo yo, o lo consigues tú, pero no podemos conseguirlo ambos". Esto ha dado lugar a un sistema económico global basado en explotar y devorar a nuestros vecinos, ya sean de nuestra comunidad o de países vecinos, todo en nombre de "vivir el sueño americano". Esta mentira se ha arraigado tan profundamente en nuestra visión económica del mundo que será difícil erradicarla.

Durante períodos de gran inestabilidad económica como el que estamos viviendo, solo el Espíritu Santo podrá superar la mentalidad de escasez, producto de una visión económica errónea, nacida de siglos de gestión inadecuada de los recursos humanos y naturales. Esta visión ha sido respaldada por sistemas económicos y monetarios con graves fallas estructurales. Lamentablemente, a medida que estos sistemas colapsen, se creará una narrativa conveniente para que los poderosos

29

de la tierra perpetúen su doctrina de la escasez. Corresponde a los seguidores de Jesús desenmascarar la diferencia entre la verdad y la mentira y cambiar esta narrativa.

El Camino del Hombre: Control, Competencia, Escasez

Jesús lo dejó claro. "El ladrón vino a robar, matar y destruir". Los ladrones a menudo toman lo que no es suyo porque no creen en la abundancia. Las acciones de asesinos y destructores, por efecto automático, producen escasez. Y los espíritus de la competencia y el control impulsan toda esta actividad. Explico esto en el capítulo dos de *Vine a Dar* en la sección titulada "Dos Espíritus que Cambiaron el Mundo". Lo que sigue es un extracto de esa sección.

"El consejo celestial de Dios, Su familia celestial y Sus Imagers estaban destinados a trabajar juntos para construir un Reino basado en los principios de cooperación, mayordomía y abundancia. Cuando Satanás se involucró en su acto de comercio ilícito, desató dos espíritus primarios que se oponen a esos principios:

- Satanás adquirió lo que no era suyo y lo usó para sus propósitos, desechando el principio de *mayordomía* y reemplazándolo con un espíritu de *control*.
- Satanás dejó de trabajar con Dios para hacer avanzar Su Reino y se dispuso a ofrecer un reino propio, por lo que dejó de lado el principio de *cooperación* y lo reemplazó con un espíritu de *competencia*.

Comprender el propósito de Satanás para estos dos espíritus contrarios nos da una valiosa comprensión de por qué los humanos se comportaron como lo hicieron a lo largo de las Escrituras. Ahora, al leer la palabra de Dios, vemos claramente que los espíritus de control y competencia se manifiestan donde el principio de *abundancia* ha sido dejado de lado y reemplazado por una *mentalidad de escasez*. Si los seres humanos creen que Dios les proveerá las necesidades de la vida,[34] *y si se contentan con vivir con esas necesidades,[35] estos espíritus tienen poco o ningún poder.*

Desafortunadamente, después de la caída, nuestra pérdida de comunicación directa con Dios y el inicio de la ley de la entropía socavaron nuestra capacidad de creer en la abundancia. Satanás lo sabe. Por eso creó los espíritus del control y la competencia para que fueran algunos de los principados y potestades más poderosos de la tierra.[36] Hacen que caigamos en miedo y una mentalidad de escasez, lo que le ayuda a lograr sus metas ambiciosas".

(fin del extracto).

La mentalidad de escasez ha plagado a la humanidad a lo largo de la historia. Otro extracto de *Vine a Dar*, esta vez del capítulo seis, nos proporciona un ejemplo temprano de esta realidad.

"Dios comienza Su relación con Abraham con una declaración increíble. De hecho, un *compromiso* increíble. Dios prometió traer de él una gran nación y proporcionar una tierra de abundancia donde esa nación podría prosperar. Como Adán antes que él, Dios colocó a Abraham en un "huerto" propio. Ahora era el momento de mostrarle por qué.

Si esta nueva nación iba a preservar exitosamente los Principios de la Edificación del Reino durante siglos, su fundador debe pasar varias pruebas básicas relacionadas con esos principios. No sería fácil. Generaciones de fracasos lo precedieron. Por supuesto, eso no es un obstáculo para Dios. De hecho, así era como mostraría Su poder.

La primera prueba reveló si Abraham confiaba en el principio de la abundancia. Cuando Dios le dio a Abraham su huerto, dijo que era para "tus descendientes.".[37] Su declaración implica que Dios esperaba que Abraham y su familia permanecieran allí al menos hasta que naciera y creciera otra generación. Abraham debía confiar en que Dios

---

[34] Mateo 6:25-34
[35] Filipenses 4:10-14
[36] Efesios 6:12
[37] Génesis 12:7

preservaría y proteger sus considerables rebaños *en el huerto que Él proveía* sin importar lo que sucediera.[38]

Entonces, llegó una hambruna.

Las Escrituras no nos dan ninguna indicación de que Abraham buscara la sabiduría de Dios sobre cómo "cultivar" y "cuidar" el huerto que Dios le había dado durante una hambruna. En cambio, a pesar de (y tal vez debido a) su tremenda riqueza, Abraham sucumbió a una mentalidad de escasez. Abandonó la tierra que Dios le había prometido y buscó el favor de un gobernante gentil para preservar sus rebaños. Es más, Abraham inició su relación con este gobernante entrando en un intercambio ilícito. Le dio a su esposa Sara (junto con su honor y dignidad) al faraón a cambio de su seguridad personal. [39]

Vemos un patrón perturbador aquí. Como Adán, Abraham no pudo administrar su "huerto." A raíz de su fallida mayordomía, Abraham puso a su esposa en peligro. Sin duda Sara estaba perturbada por las acciones de su esposo. Entregarla al faraón no pudo haber sido bueno para su relación.

Hasta ahora, la escuela no va bien.

Mientras estaban en Egipto, Abraham y su sobrino Lot acumularon abundantes posesiones materiales, incluidos grandes rebaños de ovejas, cabras y ganado. El espíritu competitivo no tardó en dar a conocer su presencia. Los pastores de Abraham y Lot comenzaron a pelear por la tierra y sus recursos. Debido a esto, Abraham y Lot tuvieron la oportunidad de enseñar y practicar los Principios de la Edificación del Reino.

Lo que sigue es otro ejemplo más de la importancia de las decisiones tomadas por los líderes en momentos críticos de la historia. Abraham y Lot podrían haber enseñado a sus pastores cómo trabajar juntos para administrar su abundancia mientras mantenían la unidad familiar y construían un ímpetu generacional. Habría proporcionado

---

[38] Génesis 13:2
[39] Génesis 12:11-13

un precedente sólido para la nación que Dios estaba estableciendo para practicar y preservar esos mismos principios.

En cambio, Abraham cometió un error crítico que se pasa por alto en su significado histórica: le ofreció a Lot la elección de la tierra que se les puso. Abraham pudo haber hecho esto con un corazón generoso. Puede que lo haya hecho para mantener la paz en la familia. Sin embargo, Dios quiso que los Principios de la Edificación del Reino se practicaran ante todo dentro del contexto de la *familia.* Independientemente de su intención, la elección de Abraham sirvió para dividir a sus familias.[40] Cuando tomaron caminos separados, se abrió la puerta para que Satanás empleara una estrategia de "divide y vencerás" y causó estragos en la naciente nación de Dios.

La falta de unidad y cooperación familiar permitió que una mentalidad de escasez estableciera una fortaleza en el corazón de Lot. Pero espera. ¿No estaban tratando de resolver un problema provocado por la *abundancia* de ganado? ¿Cómo es posible que esto se deba a la escasez?

"Y alzó Lot los ojos y vio todo el valle del Jordán, el cual estaba bien regado por todas partes (esto fue antes de que el Señor destruyera a Sodoma y Gomorra) como el huerto del Señor, como la tierra de Egipto rumbo a Zoar. Y escogió Lot para sí todo el valle del Jordán; y viajó Lot hacia el oriente. Así se separaron el uno del otro."
Génesis 13:10-11

La dinámica familiar, la historia familiar y el comportamiento esperado basado en normas culturales son elementos esenciales para establecer el contexto adecuado para interpretar estos eventos. Cuando Lot vio la tierra ante él, podría haber rechazado la oferta de Abraham y así honrar al anciano que lo trajo a la tierra y que probablemente lo ayudó a ganar su riqueza en primer lugar. En cambio, Lot reclamó la "mejor" tierra para sí mismo. Con todo lo que Dios le había dado a Lot y su familia, *no fue suficiente.*

Lot eligió maximizar *sus* ganancias económicas. Además, esta

---

[40] Génesis 13:8-9

tierra estaba en territorio hostil. La codicia y una mentalidad de escasez lo cegó a la realidad de que separarse de Abraham colocaba a su familia en peligro emocional, físico y espiritual.

> "…Lot se estableció en las ciudades del valle, y fue poniendo sus tiendas hasta Sodoma. Y los hombres de Sodoma eran malos y pecadores contra el Señor en gran manera."
> Génesis 13:12 13

Antes de armar su tienda hacia Sodoma, Lot, su familia y todos sus sirvientes tenían toda la comida, ropa y vivienda que necesitarían. Dios los había provisto de manera relacional y material. Sin embargo, las malas decisiones de Lot[41] le dieron a Satanás la apertura que estaba esperando."

(fin del extracto)

El resto es historia. La devastación sufrida por la familia de Lot debido a los espíritus de control y competencia es solo uno de los muchos ejemplos que se encuentran a lo largo de las Escrituras *y* del registro histórico secular hasta nuestros días. Hoy en día, la escasez beneficia a quienes promueven tanto el socialismo como el capitalismo. Este último afirma que la competencia es el medio para "administrar y distribuir de manera más eficiente los recursos escasos". Su compañero, el sistema monetario centralizado basado en la deuda, maneja intencionalmente la moneda para garantizar que solo una cantidad limitada esté disponible para el público en general. Mientras tanto, quienes crean el dinero tienen acceso a una cantidad prácticamente limitada. Estos son los pensamientos y los caminos del hombre, no los de Dios.

Una mentalidad de escasez se basa en la creencia de que no hay suficientes recursos para satisfacer las necesidades de todos. No *deseos*, sino *necesidades*. El deseo de satisfacer nuestros *deseos* abre la puerta a que los espíritus de competencia y control nos impulsen no solo a "obtengamos lo nuestro", sino a acumular más allá de nuestras

---

[41] Génesis 13:8-13

necesidades. El resultado siempre es desastroso y nadie es inmune.

Se dice que el rey Salomón fue el hombre más sabio que jamás haya existido. Si analizamos atentamente las Escrituras, su vida revela la verdadera naturaleza de la abundancia. Sin embargo, no es lo que la mayoría de la gente piensa. Para comprender el camino que Dios le hizo recorrer a Salomón para que llegara a la conclusión final sobre el significado de la abundancia, debemos comenzar en el capítulo tres de 1 Reyes cuando Salomón pidió sabiduría por encima de las riquezas y el honor.

> "He aquí, te he dado un corazón sabio y entendido, de modo que no ha habido ninguno como tú antes de ti, ni se levantará ninguno como tú después de ti. También te he dado *lo que no has pedido*, tanto riquezas como gloria, de modo que no habrá entre los reyes ninguno como tú en todos tus días. Y si andas en mis caminos, guardando mis estatutos y mis mandamientos como tu padre David anduvo, entonces prolongaré tus días."
>
> 1 Reyes 3:12-14 (énfasis mío)

El resto de 1 Reyes y gran parte de 2 Crónicas es un relato del reinado del Rey Salomón después de que Dios hizo esta promesa. El principio de 2 Crónicas dice: "Dios estaba con él y lo exaltó grandemente". Bajo el liderazgo de Salomón, el reino creció en riqueza material, como la que el mundo nunca había visto.

Si nos detenemos en 1 Reyes 3:14, nos quedamos con la impresión de que construir un reino caracterizado por "riquezas y honor" es el pináculo de la manifestación de la sabiduría de Salomón. Luego examinamos sus enseñanzas en el libro de Proverbios con esta perspectiva en mente y nos proponemos construir una vida similar para nosotros mismos.

Aquí es donde el cristianismo moderno yerra el tiro. Jesús no enseñó que un reino de "riquezas y honor" era lo que Él vino a dar. Por el contrario, Sus enseñanzas acerca de los peligros de luchar por la riqueza y el honor son claras.[42] Esta contradicción debería impulsarnos

---

[42] Mateo 6:19-20, 19:16-26, Lucas 6:24, 9:48b, 12:21

a profundizar en las Escrituras. ¿Por qué Dios le concedió a Salomón riquezas y honores a pesar de que él no los pidió? La razón se hace evidente cuando simplemente pasamos la página al final de Proverbios 31 y continuamos leyendo.

> "Palabras del Predicador, hijo de David, rey en Jerusalén.
> Vanidad de vanidades, dice el Predicador, vanidad de
> vanidades, todo es vanidad."
> Eclesiastés 1:1-2

Esperar. ¿Qué es lo que Salomón considera vanidad? Sostengo que el libro de Eclesiastés es, sin duda, el relato de cómo el rey Salomón trabajando a través de un caso masivo de disonancia cognitiva. Durante la mayor parte de su vida adulta, Salomón creyó que el reino que Dios le había concedido, lleno de riquezas y honores, era la cumbre de su aplicación de la sabiduría descrita en el libro de Proverbios. Sin embargo, en su vejez, se dio cuenta de que las riquezas materiales que había adquirido eran todos ... vanidad.

A medida que seguimos leyendo, esto se hace más evidente. La palabra hebrea para "vanidad" significa "vacío, algo transitorio e insatisfactorio; un vapor, aliento". Puedes ver la confusión total de Salomón mientras lucha con esta realidad en los siguientes versículos.

> "Yo me dije: He aquí, yo he engrandecido y aumentado la
> sabiduría más que todos los que estuvieron antes de mí sobre
> Jerusalén; mi corazón ha contemplado mucha sabiduría y
> conocimiento. Y apliqué mi corazón a conocer la sabiduría y a
> conocer la locura y la insensatez; me di cuenta de que esto
> también es correr tras el viento. Porque en la mucha sabiduría
> hay mucha angustia, y quien aumenta el conocimiento,
> aumenta el dolor."

Fue doloroso para Salomón darse cuenta de que la mayoría de lo que había construido carecía de sentido en el contexto más amplio del plan de Dios para la humanidad. El texto lo muestra resolviéndolo en su mente y en su espíritu.

"Yo volví, pues, a considerar la sabiduría, la locura y la insensatez, porque ¿qué hará el hombre que venga después del rey sino lo que ya ha sido hecho? Y yo vi que la sabiduría sobrepasa a la insensatez, como la luz a las tinieblas. El sabio tiene ojos en su cabeza, mas el necio anda en tinieblas. Pero yo sé también que ambos corren la misma suerte. Entonces me dije: Como la suerte del necio, así también será la mía. ¿Para qué, pues, me aprovecha haber sido tan sabio? Y me dije: También esto es vanidad. Porque no hay memoria duradera ni del sabio ni del necio, ya que todos serán olvidados en los días venideros. ¡Cómo mueren tanto el sabio como el necio! Y aborrecí la vida, porque me era penosa la obra que se hace bajo el sol, pues todo es vanidad y correr tras el viento."
Eclesiastés 2:12-17

En este punto, parece como si Salomón concluyera que la sabiduría misma es vanidad. Sin embargo, al leer el resto de Eclesiastés (y te animo a que lo hagan), Salomón acepta la realidad de que *aplicó mal* el conocimiento de cómo crear riquezas y lo etiquetó como sabiduría. Lamenta las graves consecuencias que su error tuvo para él y para la casa de Israel. En el capítulo cinco, vemos que comienza a separando lo que es verdaderamente importante—las verdaderas riquezas—de lo que no lo es:

- La abundancia medida por el dinero es vanidad (v10).

- Las necesidades básicas traen paz cuando uno se siente satisfecho al verlas cubiertas (v12).

- Podemos estar satisfechos y felices cuando trabajamos y producimos conforme a los dones y talentos que Dios puso en nosotros al llevar Su imagen (v18-20).

Al final del libro, resume sus hallazgos. Debemos prestar mucha atención a lo que dice.

"La conclusión, cuando todo se ha oído, es esta: teme a Dios y

guarda sus mandamientos, porque esto concierne a toda
persona. Porque Dios traerá toda obra a juicio, junto con todo
lo oculto, sea bueno o sea malo."
Eclesiastés 12:13-14

Una vida de abundancia está disponible para aquellos que
simplemente aman a Dios y obedecen Sus mandamientos. ¿Y cómo
resumió Jesús toda la ley? Ama a Dios y ama a tu prójimo como a ti
mismo.[43] Desafortunadamente, esto está muy lejos de la conclusión a
la que muchos seguidores de Jesús llegan al estudiar la vida de
Salomón. Leen sobre las riquezas y el honor que creó en 1 Reyes y 2
Crónicas, y ellos también lo desean. El libro de Proverbios
simplemente se convierte en su hoja de ruta para crear esa vida
"abundante".

Al no pasar la página siguiente y continuar leyendo, pasan por alto
el hecho de que el libro de Eclesiastés es una acusación de la mala
aplicación de la sabiduría contenida en Proverbios. Obtener riqueza
material y consuelo mientras descuidamos nuestra relación con Dios,
con Su Hijo, con Su Creación y con nuestros prójimos es vanidad:
vacía, transitoria, insatisfactoria y puede desaparecer en un instante.

La mala aplicación de los Proverbios durante los últimos cien años
ha llevado a que los economistas occidentales convenzan al resto del
mundo de que un sistema económico que produce y consume una
abundancia de posesiones materiales es de alguna manera "honorable"
a los ojos de Dios. Mientras tanto, el rey Salomón concluyó que
perseguir tal abundancia y la "prosperidad" que esta genera *carece de
sentido* en el Reino de Dios.

Este es el pináculo de la sabiduría de Salomón.

En varios pasajes, Jesús confirma esta perspectiva al enfatizar la
insensatez de usar la sabiduría para acumular tesoros en la tierra. Por
ejemplo, en Lucas 12, contradice directamente una meta que la
mayoría de los occidentales se esfuerzan por alcanzar cuando buscan

---

[43] Mateo 22:38-40

acumular riqueza y "jubilarse" temprano.

"Y les dijo: Estad atentos y guardaos de toda forma de avaricia; porque aun cuando alguien tenga abundancia, su vida no consiste en sus bienes. También les refirió una parábola, diciendo: La tierra de cierto hombre rico había producido mucho. Y pensaba dentro de sí, diciendo: «¿Qué haré, ya que no tengo dónde almacenar mis cosechas?». Entonces dijo: «Esto haré: derribaré mis graneros y edificaré otros más grandes, y allí almacenaré todo mi grano y mis bienes. Y diré a mi alma: Alma, tienes muchos bienes depositados para muchos años; descansa, come, bebe, diviértete». Pero Dios le dijo: «¡Necio! Esta misma noche te reclaman el alma; y ahora, ¿para quién será lo que has provisto?». Así es el que acumula tesoro para sí, y no es rico para con Dios."
Lucas 12:15-21

Este pasaje es una acusación contra la idea moderna de que debemos almacenar tesoros en la tierra más rápido posible para que podamos dejar de trabajar y "jubilarse" a una vida de facilidad y ocio. Jesús llama a aquellos que hacen esto un "necio". En griego, significa "sin razón, sin sentido, estúpido e *imprudente*". Es el resultado de aplicar mal el conocimiento, etiquetándolo como "sabiduría" y luego usándolo para crear riqueza para uno mismo.

¿Qué debemos sacar de esto?

En primer lugar, hay una delgada línea entre la sabiduría y la necedad. Se cruza fácilmente cuando aplicamos mal la percepción y el conocimiento que Dios nos da. Lamentablemente, lo hemos hecho permitiendo que fariseos económicos, puestos en el poder por los reyes de la tierra, diseñen e implementen los sistemas que gestionan el intercambio de valor entre el pueblo de Dios. Luego los llamamos "sabios".

En realidad, la "abundancia" que crean sus sistemas es una ilusión que ha invalidado la Palabra de Dios. Asignan de manera grosera los recursos naturales de la Creación para construir un reino que no es el de Dios y roban a la humanidad la vida abundante que Jesús vino a dar.

Por favor, deténgase y considere lo que acaba de leer.

Los peligros de una mentalidad de escasez y la mala aplicación de la sabiduría de Proverbios nos llevan a perseguir una "vida abundante" que Dios Padre y Su Hijo encuentran repulsivos. Esto me lleva de vuelta al encuentro de Jesús con el joven rico gobernante. Se involucró en los parqués que produjeron su riqueza material. Sin embargo, aplicó mal la sabiduría que produjo su riqueza y no la administró como le había indicado el verdadero "Dueño". Su error quedó al descubierto cuando el Dueño le dio una simple instrucción.

Esto me lleva al siguiente punto crucial. Si se toma en su totalidad y en contexto, las Escrituras revelan que un joven rey Salomón estaba en camino de convertirse en el mejor ejemplo de un "joven rico". Sin embargo, Dios le dio la sabiduría de ver su insensatez en sus últimos años. Le permitió ver que perseguir la abundancia material con fines egoístas es "vanidad". Luego, Dios impulsó a Salomón a documentar su lucha por aplicar mal la sabiduría en el libro de Eclesiastés para salvarnos de hacer lo mismo.

Si el joven rico hubiera estudiado las Escrituras en su totalidad y en su contexto adecuado, habría reconocido la sabiduría en la petición de Jesús y habría tomado una decisión diferente. Hoy en día, la iglesia en todo el mundo tiene muchos jóvenes ricos que están a punto de enfrentarse a una elección. Pueden seguir jugando al tonto y perseguir la "prosperidad" definida por las formas y el pensamiento del hombre. En consecuencia, pueden ver la ilusión de su riqueza evaporarse ante sus ojos.[44] O bien, pueden elegir un camino diferente. Adoptar una mentalidad de abundancia y comenzar a administrar radicalmente su riqueza de acuerdo con los caminos de Dios y, en el proceso, construir Su Reino. Esto es lo que el hombre más sabio del mundo habría elegido

---

[44] Proverbios 21:6, Eclesiastés 2:11

si hubiera tenido la oportunidad de charlar con su yo más joven.

El Camino "Radical" de Dios: Abundancia a través de la Mayordomía de la Creación

El libro de Génesis establece varios "primeros principios" clave que revelan mucho acerca de la intención de Dios tanto para la humanidad como para la Creación. Después de cada día de la Creación, Dios dijo que era "bueno". Después del sexto día, dijo que era "muy bueno". Estas palabras en inglés no transmiten el contexto completo de lo que Dios dijo. La palabra hebrea para "muy" es *mod* y la palabra para "bueno" es *tuba*. Combinados, comunican "excelencia extrema que proporciona abundante bienestar y prosperidad".

Sin este contexto, es fácil pasar por alto el hecho de que lo que hizo que la Creación fuera "muy buena" incluía su capacidad de reproducirse en *abundancia*. Tanto los alimentos (en forma de plantas y árboles frutales) como "todo lo que se mueve en la tierra que tiene vida" se reproducen a través de "semillas" según su "especie". El principio detrás del mandato de Dios a Adán de "cultivar" y "cuidar" el Huerto del Edén es claro.

La abundancia en todas sus formas debe comenzar con la mayordomía adecuada de la abundancia producida por la Creación.

Sin "cultivar" y "cuidar" adecuadamente la Creación, la humanidad *no puede sobrevivir, y mucho menos prosperar*. Desafortunadamente, en Génesis seis, la Escritura nos dice que el hombre se había vuelto "malvado" y "perverso". La palabra hebrea es *ra* y transmite "mal natural y moral, calamidad, aflicción, angustia y destrucción". Los versículos 11 y 13 vinculan este daño a la Creación. "[La tierra era] corrupta, porque toda carne había corrompido su camino sobre la tierra" y "la tierra está llena de violencia a causa de [la humanidad]".

Las Escrituras nos dicen que los humanos fueron responsables de la corrupción de sí mismos *y* de la Creación. La corrupción era tan severa que la Creación no podía generar los recursos necesaria para construir el Reino de Dios. Eso dejó a Dios sin otra opción que comenzar de nuevo. Para que la humanidad sobreviviera y luego *prosperara* después, Dios necesitaba a alguien que entendiera los principios de cooperación, mayordomía, abundancia, identidad y sostenibilidad. El siguiente extracto del capítulo cuatro de *Vine a Dar* explica que Noé era de hecho esta persona.

"Dios enlistó [a Noé y su familia] en un gran proyecto de construcción propio. Durante más de cien años, Noé y su familia trabajaron con madera, brea, sierras y clavos, todos hechos con recursos extraídos de la Creación. Siguieron fiel y diligentemente un plan detallado para formar un embarcación único que los preservaría a ellos y a cada tipo de animal durante un diluvio masivo.

A través de Noé y su familia, Dios demostró al mundo que los humanos *pueden* portar la imagen de Dios en un entorno espiritual y material extremadamente hostil. Los líderes familiares *pueden* transmitir habilidades y visión a la próxima generación. Las familias *pueden* aplicar los Principios de Edificación del Reino mientras sirven y protegen la Creación y pueden lograr un mandato dado por Dios.

Este meta-tema en la historia de Noé es uno de los más importantes en las Escrituras.

Después de más de un año en las aguas abiertas después del Gran Diluvio, el arca se asentó en las montañas de Ararat. Era hora de un nuevo comienzo. Noé hizo lo que Dios le ordenó y liberó a los animales del arca. Luego, él y su familia "salieron del arca con sus familias." Uno solo puede imaginarse cómo se sintieron. Sí, Dios estaba con ellos. Sí, los había bendecido y los había sacado del Gran Diluvio. Sí, estableció un pacto con ellos.[45] Sí, les había dado todo lo vivo y todas las plantas para comer.[46]

¡Pero la devastación! La escena que presenciaron debe haber sido

---

[45] Génesis 9:8-17
[46] Génesis 9:3

impactante. El diluvio había diezmado la tierra. Los cadáveres de animales muertos y seres humanos estaban en todas partes. Las plantas y los árboles fueron devastados. Sin embargo, en medio de eso, Dios le dijo a Noé y su familia: "Sean fructíferos y multiplíquense y llenen la tierra.[47]"

(fin del extracto)

Durante más de cien años, Noé demostró a Dios que tenía las habilidades, la sabiduría, la fe y la perseverancia necesarias para administrar los recursos de una Creación que fue devastada por los caminos del hombre y para producir algo tan increíble como un arca que albergaría a dos ejemplares de cada especie de criatura. Estas características personales eran necesarias para que Noé y su familia se asociaran con Dios en un proyecto de Gran Restauración para que Su Reino pudiera manifestarse en la tierra.

El milagro de la historia posterior al diluvio de Noé es que él y su familia enfrentaron un desafío aún mayor que Adán y Eva cuando fueron expulsados del Huerto del Edén. ¡Al menos Adán y Eva todavía tenían una tierra llena de abundante vida con la que trabajar! Noé y su familia tuvieron que enfrentarse a una tierra diezmada por el diluvio. Aun así, Dios todavía le dijo a Noé y a Su familia el mismo mandato que le dio a Adán y Eva. Uno puede imaginar la conversación entre Noé y Dios que va algo como esto:

Dios: "Sed fructíferos y multiplicaos".
Noé: "¿Pero cómo? ¡Mira toda la destrucción!".
Dios: "Solo confía en mí y comienza a cultivar un nuevo huerto".

Es por esto qué Noé está en el "salón de la fe" mencionado en el libro de hebreos. Se enfrentó a desafíos que posiblemente fueron mayores que los que enfrentó cualquier otro ser humano (aparte de Jesús) que haya vivido. Parecía como si la escasez abrumadora estuviera por todas partes. Los espíritus de control y competencia estaban siempre presentes, susurrándole a él y a su familia cuán

---

[47] Génesis 9:1

imposible era la tarea que Dios les había puesto delante. A veces, Noé y su familia estaban llenos de desesperación.

Satanás: "No puedes vencer esto. Ni siquiera lo intenten, tontos".
Noé: "¡Dios! ¡Yo creo! ¡Ayuda a mi incredulidad!"
Dios: "Noé, dije que confiara en Mí. Entonces mira lo que sucede".

Noé no entendía que Dios había entretejido en la tela misma de la Creación un medio para preservar el diseño de todas las plantas y criaturas vivientes a través de algo tan catastrófico como un diluvio global. A medida que transcurrían los años, el genio de Su diseño resistente se hizo evidente. La abundancia todavía *era* posible.

Y dependía de la mayordomía adecuada de la Creación.

La mayordomía y la abundancia van de la mano. Es una realidad probada histórica y bíblicamente. Las condiciones que Noé y su familia enfrentaron revelan la importancia critica de los dos últimos principios económicos para la construcción del Reino de Dios. Ambas cosas son necesarias en nuestro mundo posterior a la Caída y al Diluvio si queremos unirnos a Dios en Su Gran Restauración.

Capítulo 4
Identidad

"El Espíritu del Señor está sobre mí, porque me ha ungido para
anunciar el evangelio a los pobres. Me ha enviado para
proclamar libertad a los cautivos, y la recuperación de la vista
a los ciegos; para poner en libertad a los oprimidos; para
proclamar el año favorable del Señor."
Lucas 4:18-19

Dios no tenía la intención de que los humanos que Creó a Su imagen sufrieran enfermedades físicas, enfermedades, lesiones o incluso la muerte. No tenía la intención de que nos mordiéramos y devoráramos unos a otros con nuestras palabras y acciones, creando cicatrices emocionales que las personas llevan consigo durante toda su vida. Él ciertamente no tenía la intención de que buscáramos validación y guía en un impostor que se hacía pasar por "el Altísimo".[48]

Sin embargo, aquí estamos en un mundo donde todos los días, ese impostor trabaja para socavar el bienestar emocional, físico y espiritual de cada persona, haciéndolas así vulnerables a sus planes. El impostor entiende el papel fundamental que desempeña la identidad en la construcción de reinos mejor que la iglesia. Por eso, ha creado todo tipo de parqués para inyectar dolor y confusión en nuestras vidas, llevando a los humanos a abandonar sus identidades como portadores de la imagen de Dios.

Una vez que esto se logra, estos "huérfanos espirituales" son traídos a un nuevo parqué donde muchos intercambian la verdad por una mentira.[49] Asumen la identidad del impostor, creyendo que restaurará su dignidad y terminará con su dolor. Lamentablemente,

---

[48] Isiah 14:13,14
[49] Romanos 1:25

esto da como resultado el rechazo de Dios y Sus maneras. En ese momento, se convierten en el recurso del impostor para construir su reino. Por supuesto, este impostor es Satanás, y el robo de identidad ha sido su estrategia desde su encuentro con Eva en el huerto.

Cuando entendemos la guerra que se libró por la identidad y su papel fundamental en la construcción de reinos, es más fácil entender las decisiones que tomaron aquellos cuyas historias están registradas en las Escrituras. Caín, Noé y su familia, Nimrod, Abraham, Sara, Isaac, Jacob, Raquel, Lot, José, Josué, los Jueces, Job, Nehemías, Rut, Ester, David, Salomón, Mateo, Marcos, Lucas, Juan, Judas, Pablo y Pedro tomaron sus decisiones basándose en la identidad de la imagen que tenían en el momento en que tomaron esas decisiones.

Dios sabe que asegurar y proteger nuestra identidad como portadores de Su imagen es un requisito previo para construir Su Reino. Esa es la razón por la que envió a Su Hijo para demostrar que portar Su imagen significa cuidar del bienestar emocional, físico y espiritual de los demás. Esto nos protege para que Satanás no pueda arrastrarnos a los parqués, donde nos convertirá en huérfanos espirituales y nos convencerá de cambiar la verdad por una mentira.

Cuando estamos seguros de nuestra identidad come portadores de la imagen de Dios, *los espíritus de control y competencia pierden su poder.* Cuando la ekklesia entienda que esto es una *realidad económica,* cambiará el mundo. El poder de Dios se desatará en cada rincón de la tierra tal como se manifiesta a través de los portadores de Su imagen en cada nación. Sin embargo, antes de que eso pueda suceder, debemos entender claramente a qué nos enfrentamos.

El Camino del Hombre: Cómo Proteger la Identidad de las Personas y Organizaciones que Crean Productos para Nuestro Consumo

Aunque ese título es un poco largo, es cierto. Cada sistema económico que se ha creado fue diseñado para lograr un resultado específico. Aquellos que los diseñan e implementan lo hacen con un ojo en las métricas que pueden medir para indicar el progreso hacia estos resultados deseados. Luego asignan recursos para mover las métricas en la dirección prevista. Cuando las métricas no se mueven según lo previsto, hacen ajustes.

Es importante tener en cuenta que los reyes de la tierra a veces desean resultados que no quieren que el público conozca. A menudo podemos descubrirlos cuando podemos examinar las métricas que miden. Expliqué cómo funciona esto en el capítulo veinticinco de *Vine a Dar* en una sección titulada "Mida las Cosas Correctas".

"Existe un axioma empresarial bien conocido—lo que se mide se hace. Entonces tiene sentido examinar lo que miden nuestros sistemas económicos y monetarios actuales para definir el "éxito". En nuestro sistema capitalista neodarwinista, comienza con el Producto Interno Bruto (PIB). Los gobiernos nacionales se obsesionan con ello, y han condicionado a sus ciudadanos a obsesionarse por igual. Su crecimiento o falta de él, impacta directamente en la identidad de naciones enteras. Sin embargo, este método de medir el crecimiento económico incluye varias presuposiciones fatales:

- El crecimiento de la producción económica total es siempre necesario.

- El crecimiento de la producción económica total siempre es bueno.

- El crecimiento de la producción económica total es la única forma de medir la prosperidad.

- El crecimiento de la producción económica total es el único medio para empoderar a los ciudadanos.

Considere que el PIB cuenta cada transacción monetaria rastreable como un aumento en la actividad económica. Eso significa que los intercambios de valor que no involucran una moneda nacional no se toman en cuenta o no se reportan. El gobierno ha agregado modelos para estimar los intercambios de trueque, el cuidado doméstico y el trabajo voluntario en organizaciones sin fines de lucro locales. Sin embargo, son solo modelos, y los gobiernos tienen una historial bien establecido de hacer proyecciones tremendamente inexactas y políticas destructivas basadas en ellas.

Además, el PIB no distingue entre actividad económica "buena" y "mala." ¿Son las decenas de miles de millones de dólares generados por la industria de la pornografía una contribución positiva a el bienestar emocional, físico y espiritual de las familias y las comunidades? Por supuesto que no. Se saquean los recursos naturales para crear productos inútiles para el consumo masivo. En nuestro modelo actual, ¿se ve esto como una mala mayordomía de la Creación y una violación del mandato de Dios de cultivar y cuidar nuestro huerto? No. Los fariseos académicos contratados por el gobierno no saben ni se preocupan por eso. Su trabajo es llenar la tesorería de César.

Los economistas Clifford Cobb, Ted Halstead y Jonathan Rowe afirmaron, "el PIB no solo enmascara el colapso de la estructura social y el hábitat natural del que la economía—y la vida misma—dependen en última instancia; lo que es peor, en realidad describe ese colapso como una ganancia económica".[50]

Lo que se mide se hace. Y el PIB mide la velocidad a la que extraemos recursos de la naturaleza, tanto humanos como naturales, los ejecutamos a través de una máquina económica neodarwinista y eliminamos los desechos. Cuanto más rápido y eficientemente suceda, mejor nos irá según el PIB.

Es hora de que la ekklesia se ponga de pie y denuncie lo que esto es: una de las métricas más engañosas y peligrosas jamás ideadas por el hombre."

(fin del extracto)

Tan engañoso como lo es el PIB, es simplemente una métrica de "primera plana" utilizada por los reyes de la tierra para construir una

---

[50] Clifford Cobb, Ted Halstead y Jonathan Rowe, *If the GDP is Up, Why is America Down?*, Atlantic Monthly, 276 (4), octubre, 51-8, https://www.theatlantic.com/past/docs/politics/ecbig/gdp.htm

narrativa pública en torno a sus políticas económicas. Si quieres aprender más sobre cómo lo construye el gobierno, te sugiero que leas *"GDP: A Brief but Affectionate History [PIB: Una Breve pero Aectuosa Historia]"* de Diane Coyle.

Si bien Coyle generalmente defiende PIB y el modelo económico capitalista, su libro cuestiona algunos de sus numerosos defectos. Uno de estos defectos es que los formuladores de políticas ahora ven la economía como una "máquina, regulada por palancas de política apropiadas". El PIB es una de las principales palancas de política. Dentro de ella hay submétricas que indican la efectividad de miles de programas gubernamentales y asociaciones público-privadas diseñadas y financiadas para lograr resultados específicos.

Si bien el PIB es una métrica clave utilizada para administrar la máquina económica y mantenerla en modo de consumo, no está solo. Los principales canales de noticias de negocios ejecutan un teletipo las veinticuatro horas del día que muestra el movimiento en tiempo real de varios índices bursátiles. Estos números se abren camino en las noticias de la noche cuando alcanzan nuevas alzas de récord insuperable, o dan un giro y están cayendo rápidamente. La narrativa en torno a estas métricas relacionadas con la moneda ha condicionado al público a conectar el bienestar individual y nacional con el PIB y los índices del mercado.

No siempre ha sido así. Los medios de comunicación comenzaron a prestar atención a las mediciones de la "producción de cosas" durante la revolución industrial. El Promedio Industrial Dow Jones fue creado en 1885 para medir el valor de las empresas que cotizan en bolsa. En los "rugientes años 20", *"The Century of the Self"* [*el Siglo del Yo*] [51] (un documental de la BBC que recomiendo encarecidamente ver) ya estaba en marcha. Los nuevos métodos de manipulación de las identidades de las personas condujeron a una explosión masiva en el consumo. Las personas comenzaron a pasar de comprar artículos debido a su valor de utilidad, es decir, para realizar una función

---

[51] *The Century of the Self,* 2002 BBC Documentary on YouTube

específica y necesaria, a comprar productos que los entretuvieran o aumentaran su estatus social a los ojos de los demás.

A medida que las cajas registradoras corporativas comenzaron a sonar, el mercado de valores se disparó. Las personas que nunca habían invertido en los mercados compraron, empujando al Promedio Industrial Dow Jones al centro de atención pública. El consumo excesivo de productos con poco valor de utilidad es una advertencia de que una nación ha perdido el rumbo. Es una indicación de que las métricas utilizadas para medir la prosperidad han llevado el consumo a niveles poco saludables, creando una falsa sensación de prosperidad. Es la misma "vanidad" que Salomón identificó. Y siempre termina con lágrimas.

Efectivamente, en 1929, el mercado se desplomó, marcando el comienzo de la Gran Depresión. La capacidad de las personas para permitirse el lujo de consumir cosas vinculadas a su identidad llegó a su fin. La mayordomía inadecuada de los recursos humanos, naturales y monetarios provocó que las necesidades básicas escasearan. El impacto psicológico fue enorme. Un sentimiento de fatalidad y tristeza en todo el mundo.

Tristemente, la historia muestra que los humanos rara vez aprendemos nuestra lección. Después de que termina un período de intensas dificultades económicas, el ciclo se repite. Efectivamente, a lo largo de la segunda mitad del siglo XX, los índices de mercado y el PIB nuevamente se convirtieron en una métrica económica favorecida en América del Norte, el Reino Unido, Europa, Australia, Israel, Asia, América del Sur y el Medio Oriente. Mantenerlos moviéndose hacia arriba se convirtió en una clave para administrar la "confianza pública". También ayudó a interconectar la economía mundial. Los bancos centrales de todo el mundo comenzaron a formular y coordinar la política monetaria basándose en el PIB y los índices del mercado.

A finales de la década de 1990, las primeras grietas comenzaron a mostrarse en la alianza impía entre el sistema financiero basado en la deuda del hombre y el sistema económico neodarwinista. Ambos se habían manejado durante décadas de una manera que mantuvo el PIB y los índices bursátiles en alza. Sin embargo, una serie de crisis monetarias en Asia y Rusia desencadenaron una cadena de eventos que amenazaron con derribar el sistema financiero global y la economía mundial.[52] Los mercados bursátiles de todo el mundo comenzaron a colapsar. La Reserva Federal de Estados Unidos, liderada por el entonces presidente Alan Greenspan, respondió inundando el sistema bancario con dinero.

Desafortunadamente, los fariseos económicos de los reyes de la tierra se negaron a ver lo que estaba sucediendo claramente ante ellos. La percepción del "crecimiento económico" medido por el PIB se había vuelto tan crucial para la percepción de la prosperidad global que, en 2000, la Oficina de Análisis Económico de los Estados Unidos declaró al PIB "Uno de los grandes inventos del siglo XX".[53]

Los bancos centrales mundiales cambiaron su mandato de mantener una política monetaria "sólida" a medir el saldo agregado la estabilidad financiera de empresas y bancos que se habían vuelto "demasiado grandes para quebrar". Esto envió un mensaje peligroso a los mercados. El gobierno y los bancos centrales harán lo que sea necesario para evitar que las grandes empresas y los grandes bancos (los "grandes") colapsen a pesar de las decisiones a menudo imprudentes tomadas por sus Juntas Directiva.

Todo el sistema financiero quedó expuesto a un "riesgo moral". Esto ocurre cuando el riesgo de prácticas comerciales poco éticas o imprudentes (morales) aumenta porque la persona u organización que toma esas decisiones se beneficia de ellas en el corto plazo. Las consecuencias del resultado negativo (riesgo) recaen sobre alguien distinto de quien tomó las malas decisiones.

Y eso es lo que sucedió. Cuando los bancos centrales globales rescataron a las instituciones afectadas por el fracaso de Long-Term Capital Management [Gestión de Capital a Largo Plazo], un fondo de cobertura estadounidense, se estableció el riesgo moral. El dinero fluyó hacia los mercados, encontrando su camino hacia los balances

---

[52] https://www.britannica.com/event/Asian-financial-crisis
[53] https://apps.bea.gov/scb/pdf/BEAWIDE/2000/0100od.pdf

de los bancos y las corporaciones en forma de patrimonial. El resultado fue un frenesí de malas inversiones en empresas de tecnología, muchas con un sitio web, pero sin un plan de negocios viable. El auge bursátil resultante se conoció como la burbuja del."com". Cuando estalló en 2000, la Reserva Federal consolidó el "riesgo moral" como un elemento permanente de la economía global al intervenir nuevamente y rescatar más instituciones que se consideraban "demasiado grandes para quebrar".

Este patrón de intervención se conoció como "el Greenspan Put [Efecto Greenspan]".[54] Un "put" es un instrumento financiero que los operadores utilizan para cubrir posiciones y minimizar las pérdidas en los mercados bajistas. El Greenspan Put significaba que la Reserva Federal crearía cualquier "liquidez" que se necesitara para mantener los mercados y "grandes" a flote.

Desafortunadamente, el Greenspan Put todavía está con nosotros hoy. Los bancos centrales mundiales lo adoptaron durante la Gran Recesión de 2008-2009. Al momento de escribir este artículo (2024), se enfrentan nuevamente a una inminente crisis financiera mundial. La inflación, las dificultades en las cadenas de suministro y los conflictos globales están amenazando el sistema financiero que han creado.

La mayoría de los economistas de hoy están tratando de descubrir cómo darle a su sistema Frankenstein un shock más para sacarnos de este lío. En cambio, sugeriría que finalmente ataquemos la raíz del problema. Podemos empezar por construir economías locales resilientes, basadas en valorar e invertir en la protección de la dignidad humana de nuestros vecinos, como portadores de la imagen de Dios.

El Camino "Radical" de Dios: Asegurar y Proteger la Identidad de Quienes Portan la Imagen de Dios para Crear Recursos y Construir Su Reino

Como el único portador perfecto de imagen de Dios, Jesús vino a predicar y vivir un plano de cómo construir Su Reino. Él modeló las

---

[54] https://www.investopedia.com/terms/g/greenspanput.asp

decisiones que Dios quiso que sus primeros portadores de imagen hicieran al cultivar y mantener el mundo espiritual y material que Él creó para ellos. Jesús también declaró con valentía la importancia de construir y proteger la identidad humana cuando regresó a su ciudad natal de Nazaret:

> "El Espíritu del Señor está sobre mí, porque me ha ungido para anunciar el evangelio a los pobres. Me ha enviado para proclamar libertad a los cautivos, y la recuperación de la vista a los ciegos; para poner en libertad a los oprimidos; para proclamar el año favorable del Señor."
> Lucas 4:18-19

Tenga en cuenta que Su declaración toca las tres áreas que aseguran y protegen la identidad de Sus Imagers. Jesús declaró que vino a dar...

- Esperanza a los pobres y curación de los quebrantados de corazón (bienestar emocional).

- Libertad para aquellos tomados cautivos y oprimidos por los espíritus de control y competencia (bienestar espiritual).

- Sanidad a los ciegos (bienestar físico).

Me encanta el hecho de que la declaración de Jesús desafió directamente la declaración de "Y seré" que Satanás hizo en Isaías 14:13-14. Pero más que eso, reveló cómo asestar un golpe mortal al proceso de recolección de recursos que le permitió Satán construir su reino competidor durante miles de años. Tenga en cuenta que Jesús no exigió a los fariseos que abandonaran sus tradiciones ni al gobierno romano que cambiara sus leyes. En el mejor de los casos, las leyes y regulaciones obligan a un cambio en el comportamiento. Jesús quería más. Él quería que aprendiéramos cómo cambiar los *corazones* de las personas.

Algunas de Sus lecciones fueron habladas. La mayoría, sin

embargo, se basaron en observar *cómo vivía*.[55] El resto de Lucas 4 documenta cómo Jesús viviendo de una manera que manifiesta el Reino de Dios en la tierra. Echó fuera demonios y sanó cuerpos. Después de que tuvo la atención de la gente, pronunció el Sermón del Monte.

Las bienaventuranzas identificaron rasgos de carácter específicos de los portadores de la imagen que heredarán el Reino de Dios en la tierra: aquellos que son pobres en espíritu (humildes), quebrantados de corazón, gentiles, apasionados por la justicia, misericordiosos, puros de corazón, pacificadores y perseguidos. Llamó a estas personas "bendecidas", que en griego significa "afortunados, acomodados, felices". No debería sorprendernos que estos sean rasgos de personas que construyen y protegen el bienestar emocional, físico y espiritual de sus familias y comunidades. Y comienza con ministrar humildemente a los pobres sin fanfarria.

> "Pero tú, cuando des limosna, que no sepa tu mano izquierda lo que hace tu derecha, para que tu limosna sea en secreto; y tu Padre, que ve en lo secreto, te recompensará."
> Mateo 6:3-4

Luego ofreció una oración simple pero poderosa.

> "[9]«Padre nuestro que estás en los cielos, santificado sea tu nombre. [10]Venga tu reino. Hágase tu voluntad, así en la tierra como en el cielo. [11]Danos hoy el pan nuestro de cada día. [12]Y perdónanos nuestras deudas [transgresiones], como también nosotros hemos perdonado a nuestros deudores. [13]Y no nos metas en tentación, más líbranos del mal. Porque tuyo es el reino y el poder y la gloria para siempre jamás. Amén»."

Veamos más de cerca "el Padre Nuestro" porque proporciona un contexto importante al propósito de la vida de Jesús y a ll nuestra.

- El versículo 9 nos llama a reconocer la majestad del

"nombre" del Padre (la plenitud de Su identidad).

- El versículo 10 reconoce la importancia de edificar Su Reino.

- El versículo 11 aborda la necesidad de confiar en la provisión de Dios para nuestras necesidades básicas cada día.

- El versículo 12 es un "jubileo" del pecado y ofensa a través del perdón que restaura y fortalece el bienestar emocional y espiritual.

- El versículo 13 reconoce nuestra necesidad de liberación de los implacables intentos del enemigo de atraernos a un parqué e intercambiar la verdad por una mentira.

La conexión con los principios económicos de Dios continúa a lo largo del resto de Mateo 6:

"No os acumuléis tesoros en la tierra, donde la polilla y la herrumbre destruyen, y donde ladrones penetran y roban; sino acumulaos tesoros en el cielo, donde ni la polilla ni la herrumbre destruyen, y donde ladrones no penetran ni roban; porque donde esté tu tesoro, allí estará también tu corazón."
Mateo 6:19-21

Tu tesoro en la tierra no es algo que Satanás pueda robar. Son las personas y las relaciones. Es asegurar y proteger el bienestar de la familia y la comunidad. Así es como te vuelves "acomodado".

"Nadie puede servir a dos señores; porque o aborrecerá a uno y amará al otro, o se apegará a uno y despreciará al otro. No podéis servir a Dios y a las riquezas."
Mateo 6:24

La imagen que llevas determina tu identidad, el señor al que sirves y el reino que construirás. ¿PIB? ¿Carteras de acciones? ¿Cosas? Toda vanidad en el Reino de Dios. Deberíamos actuar en consecuencia.

> "Por eso os digo, no os preocupéis por vuestra vida, qué
> comeréis o qué beberéis; ni por vuestro cuerpo, qué vestiréis.
> ¿No es la vida más que el alimento y el cuerpo más que la
> ropa? … Por tanto, no os preocupéis, diciendo: «¿Qué
> comeremos?» o «¿qué beberemos?» o «¿con qué nos
> vestiremos?». Porque los gentiles buscan ansiosamente todas
> estas cosas; que vuestro Padre celestial sabe que necesitáis de
> todas estas cosas."
> Mateo 6:25,31-32

Dios tenía la intención de que asegurar y proteger la identidad en los demás fuera naturalmente entretejido en cada aspecto de la vida. Porque los sistemas económicos y monetarios tocan nuestras vidas todos los días, monitorear su impacto en nuestro bienestar emocional, físico y espiritual debe ser una métrica clave en cualquier nuevo sistema. Esto *es* medir "lo correcto".

Cuando entendamos y valoremos estas métricas, cambiaremos la narrativa sobre lo que define la prosperidad. Con el tiempo, llevará a las personas a tomar decisiones "económicas" muy diferentes que, en última instancia, cambiarán el mundo. En la nueva economía de Dios, muchas de estas transacciones económicas no involucrarán dinero.

Esto requerirá el desarrollo de nuevos parqués que crearán e intercambiarán muchos tipos diferentes de valor simultáneamente.

La buena noticia es que usted y yo podemos crear algunos de estos parqués hoy. Podemos abrir un parqué y hacer "micro depósitos" de bienestar en las vidas de aquellos con quienes interactuamos a través de algo tan simple como ofrecer una palabra de aliento, una sonrisa o ser amables con otros conductores en la carretera. Las Escrituras nos revelan el valor de estos depósitos.

> "Mirad también las naves; aunque son tan grandes e
> impulsadas por fuertes vientos, son, sin embargo, dirigidas
> mediante un timón muy pequeño por donde la voluntad del
> piloto quiere. Así también la lengua es un miembro pequeño, y

sin embargo, se jacta de grandes cosas. ... Con ella bendecimos a nuestro Señor y Padre, y con ella maldecimos a los hombres, que han sido hechos a la imagen de Dios; de la misma boca proceden bendición y maldición. Hermanos míos, esto no debe ser así. ¿Acaso una fuente por la misma abertura echa agua dulce y amarga? ¿Acaso, hermanos míos, puede una higuera producir aceitunas, o una vid higos? Tampoco la fuente de agua salada puede producir agua dulce."
Santiago 3:4-5; 9-12

Santiago nos dice que cuando invitamos a alguien a estos parqués, podemos hacer depósitos o *retiros,* de bienestar humano en dosis grandes y pequeñas. Porque estos parqués se pueden crear miles de millones de veces todos los días en todo el mundo, el poder de este "sistema económico" y su impacto en la construcción de reinos es enorme.

Lo maravilloso de hacer "micro depósitos" es que Dios está listo con un suministro ilimitado de amor y aliento para que en ellos tú recibas y luego obsequies. Cuando las personas en una comunidad intencionalmente hacen estos depósitos desde una postura de humildad y servicio, su impacto acumulativo es como una bomba nuclear táctica en el mundo espiritual. Desaloja el férreo control que los principados y poderes tienen en el territorio geográfico donde estos se hacen. José entendió esto. Hizo estos depósitos en un territorio tan pequeño como una cárcel egipcia con resultados sorprendentes.

Pero lo más importante, Jesús dejó en claro que micro depósitos de bienestar humano eran fundamentales para Su misión de "cultivar" y "cuidar" Su huerto. *Asegurar y proteger la identidad en los demás es para lo que Él vino.* Es tan central para el Reino que Jesús facultó a Sus discípulos para que hicieran estos depósitos mientras reafirmaban en términos inequívocos que ello define la presencia del Reino de Dios.

"Y cuando vayáis, predicad diciendo: «El reino de los cielos se ha acercado». Sanad enfermos, resucitad muertos, limpiad leprosos,

expulsad demonios; de gracia recibisteis, dad de gracia."
Mateo 10:7-8

El ejemplo más poderoso de la importancia de la identidad humana y nuestro bienestar emocional, físico y espiritual es cuando Jesús fue a la cruz. Cuando fue traicionado y torturado por el hombre y luego abandonado por Su Padre, pasó de experimentar el pináculo de la identidad como el portador perfecto de la imagen de Dios a la destrucción total de Su bienestar emocional, físico y espiritual. *Cuando Jesús murió, experimentó de primera mano el robo de identidad que ocurre en los parqués ilícitos de Satanás.*

¡Sin embargo, por Su Resurrección ahora somos embajadores de Cristo y portadores de Su imagen! Todos hemos sufrido algún grado de robo de identidad y, como Jesús, esa experiencia debería movernos a hacer que sea central para *nuestra* misión el asegurar y proteger la identidad de todos los preciosos portadores de la imagen de Dios que nos encontramos.

Las buenas nuevas es que la moneda utilizada para hacer estos micro depósitos de bienestar no requiere una cuenta bancaria o una aplicación telefónica. ¡Puedes comenzar a hacerlos hoy!

- Imagina que, durante la próxima década, tu comunidad comienza a experimentar el impacto acumulativo de hacer micro depósitos de bienestar emocional, físico y espiritual en la vida de tus vecinos.

- Imagina que tu comunidad adopta un sistema completamente nuevo de gestión de valor que prioriza la realización de estos depósitos.

- Imagina negocios locales trabajando juntos para priorizar la generación de recursos para asegurar y proteger la identidad de familiar y comunitaria en lugar de obtener ganancias y participación de mercado para ellos mismos.

- Imagina a personas de fe trabajando con personas de buena voluntad para cuidar a los pobres, huérfanos y viudas.

- Imagínate los funcionarios del gobierno de pie en pleno apoyo de esta nueva forma de intercambiar valor para crear una comunidad próspera y de salud.

- Imagina un sentido restaurado de admiración y asombro por la Creación y un compromiso de su comunidad para administrar sus recursos para su uso más alto y efectivo.

- Ahora imagina que esto sucede en miles de comunidades de todo el mundo. Millones de seres humanos se encuentran en nuevos parqués donde se curan las cicatrices emocionales y las dolencias físicas, liberándolos de la esclavitud.

Los reyes de la tierra y su "Gran Reset" son impotentes para detener esto. A medida que millones de seres humanos intercambien la identidad del impostor por su identidad como portadores de la imagen de Dios, se extenderá una Gran Restauración se extenderá por toda la tierra. Y mientras los reyes de la tierra se enfurecen por la pérdida de control sobre la creación y gestión del verdadero valor, Dios se sentará en los cielos y se reirá.[56]

Por favor, comprenda que no estamos bajo ninguna falsa ilusión. Previo al regreso de Jesús, habrá dificultades y persecución. Sin embargo, las comunidades que han adoptado el nuevo sistema de intercambio de valores estarán aisladas hasta cierto punto de los estragos creados por el fracaso del "Gran Reset" del hombre. De hecho, se convertirán en comunidades prototipo, que marcarán el comienzo de una nueva era de abundancia.

Finalmente, creo que las generaciones futuras mirarán hacia atrás el 1 de enero de 2100 y verán que debido a que abrazaron los caminos de Dios, "nada de lo que se propusieron hacer era imposible para ellos". Habrán transformado un mundo caracterizaba por el Siglo del

---

[56] Salmo 2

Yo en lo que se conocerá como el Siglo de los Abnegados.

Solo podemos lograr este resultado radical si adoptamos todos los principios y los caminos de Dios. Juntos, nos permitirán a nosotros y a las generaciones futuras soportar un proceso de transformación desafiante. Y el último principio es clave para garantizar nuestra capacidad de resistir hasta el final.

Capítulo 5

Sostenibilidad

"En los días de estos reyes, el Dios del cielo levantará un reino
que jamás será destruido, y este reino no será entregado] a otro
pueblo; desmenuzará y pondrá fin a todos aquellos reinos, y él
permanecerá para siempre,"
Daniel 2:44

El último principio económico de Dios para la construcción parece
obvio. El sentido común dicta que es absurdo crear sistemas tan
críticos para la existencia humana como los sistemas económicos y
monetarios sin incluir la sostenibilidad a largo plazo como un objetivo
clave de diseño. Sin embargo, la sostenibilidad de cualquier sistema
solo es posible cuando se construye de acuerdo con los principios y los
caminos de Dios. Y ahí radica el problema.

En el capítulo anterior aprendimos que los reyes de la Tierra han
creado métricas que incentivan a las empresas y a los gobiernos a
centrarse en el crecimiento económico a corto plazo. Nos hemos
acostumbrado tanto a centrarnos en estas métricas que ya ni siquiera
nos detenemos a considerar la pregunta: "¿Sería mejor para la
humanidad si nos concentráramos en construir sistemas que optimicen
el crecimiento en un período de tres décadas? ¿O tal vez tres
generaciones?

La sistemas económicos y monetarios babilónicos creados por el
hombre hacen que sea difícil para las empresas grandes y pequeñas
planificar a plazos tan largos. Sugerir la asignación de recursos de
acuerdo con un plan de cincuenta años es considerado radical. Sin
embargo, Dios siempre ha querido que pensemos generacionalmente.
En su libro, *On the Destiny of Nations [Sobre el Destino de las
Naciones]*, el fundador de GoStrategic, Dennis Peacocke, comienza un

capítulo titulado "On the Economic Power of Generational Momentum [Sobre el Poder Económico del Ímpetu Generacional]",[57] con esta observación:

"El impulso generacional es como una carrera de relevos; las generaciones anteriores transmiten a las generaciones futuras la "batuta" de su riqueza, conocimiento, conocimientos espirituales y habilidades de mayordomía para que cada generación sucesiva comience desde los niveles de éxito de sus predecesores. Así es como las grandes dinastías de la historia, para bien o para mal, han manejado una historia afectada. Dios es el Dios de Abraham, Isaac y Jacob, y a través de este concepto de tres líneas generacionales, la realidad espiritual y el legado de afectar múltiples líneas generacionales en sus vidas se convirtieron en la meta de las personas espirituales que entendieron este patrón".

Desafortunadamente, el ímpetu generacional en el cuerpo de Cristo ha sido diezmado en las últimas tres generaciones. El pensamiento económico a corto plazo es uno de los principales culpables. Otra razón es que la riqueza tangible transmitida a la próxima generación no está acompañada por el conocimiento, las ideas espirituales o las habilidades de mayordomía necesarias para sostenerla. El siguiente párrafo, de *Vine a Dar*, explica por qué este resultado es tan común en la mayoría de los hogares.

"[Satanás] usa una imagen y los principios falsos de control, competencia y escascz para robar, matar y destruir el bienestar emocional, físico y espiritual de los Imagers humanos de Dios. Al destruir el ímpetu generacional en momentos críticos de la historia, socavó su capacidad de manifestar los principios que establecerían el Reino de Dios como el Reino dominante en la tierra."

Satanás sabe mejor que la ekklesia cómo definir la prosperidad en una cultura y luego crear sistemas y métricas para mover a la gente a manifestar su definición. Siempre está centrada en sí misma y es a

---

[57] Dennis Peacocke, *On the Destiny of Nations*, 2012, 107

corto plazo. Mientras tanto, la iglesia debería preocuparse profundamente por crear un impulso generacional. En cambio, gran parte de la iglesia actual lucha con esta forma de pensar debido a su visión del fin de los tiempos.

Por favor, comprenda que lo que sigue no tiene como objetivo abrir un debate sobre la escatología. Hay muchos eruditos que han estudiado este tema mucho más profundamente que yo. Muchos discrepan significativamente sobre cómo se desarrollará todo. Sin embargo, lo que vemos es que quienes tienen una creencia firme de que Jesús regresará en la próxima década no pueden evitar ignorar en gran medida la planificación y la estrategia generacional. ¿Por qué gastar tiempo y energía en planificar algo que cree que no va a suceder?

En varias ocasiones, tan solo en los últimos cien años, la gente ha creído que el regreso de Jesús era inminente. La Segunda Guerra Mundial, "88 razones para el 88" (¿alguno de ustedes recuerda eso?) y el Y2K son algunos ejemplos. En el momento de escribir este libro, muchos están convencidos una vez más de que el momento está cerca. Esta vez puede que tengan razón. O tal vez no.

Dios espera que administremos la tierra como si fuéramos a ser residentes permanentes de ella, *porque lo somos*. El cielo no es nuestro hogar permanente. *Una tierra restaurada sí lo es.* [58] ¿No tiene sentido entonces que la iglesia esté llamada *hoy* a diseñar sistemas que no solo nos posicionen para ser el órgano de gobierno de la tierra ahora, sino también durante el reinado milenario de Cristo? Lo que diseñemos y construyamos ahora será usado por generaciones, tanto antes como después del regreso de Jesús. Por lo tanto, con esta perspectiva, independientemente de la escatología de cada persona, debemos diseñar con entusiasmo sistemas basados en todos los principios económicos de Dios, incluyendo, y especialmente, la sostenibilidad.

Las matemáticas, la lógica, la historia y el sentido común nos indican que el mundo se enfrenta a una inevitable "reset" de los

---

[58] Apocalipsis 21

sistemas económicos y monetarios globales. Es urgente que la ekklesia aplique los cinco principios económicos de Dios a una nueva forma de crear e intercambiar valor. Sin embargo, antes de poder hacerlo, debemos reconocer la profunda influencia que las tradiciones humanas han ejercido en los sistemas actuales—y en nuestra propia forma de pensar.

El Camino del Hombre: Un Sistema Eficiente para Robar, Matar y Destruir

Cuando las personas aprenden por primera vez cómo funciona nuestro sistema monetario actual, sacuden la cabeza con incredulidad. Les parece inconcebible que casi todo el dinero del mundo se cree mediante la emisión de un instrumento de deuda. Por ejemplo, cuando una persona pide un préstamo de 15.000 dólares para comprar un coche, el depósito que se hace en la cuenta del vendedor es dinero nuevo que nunca antes había existido. Está "respaldado" por el préstamo y el dinero se creó con unas cuantas pulsaciones de teclas en un ordenador. Esta nueva deuda es la forma en que aumenta la oferta monetaria para sustentar una economía que supuestamente está "creciendo".

Pero eso es sólo el principio. En este sistema, se debe crear nuevo "dinero/deuda" para pagar los *intereses* del préstamo del coche. Este nuevo dinero debe ser creado por otra persona o entidad que solicita un préstamo. Y como el nuevo dinero/deuda que se creó *también* genera intereses, se debe crear *más* dinero/deuda para pagar también esos intereses.

No importa lo que produzca la economía. Pueden ser automóviles o computadoras—o pornografía y drogas. Con este sistema, una parte significativa *debe* financiarse, al menos en parte, con deuda para mantener la oferta monetaria *y* el crecimiento de la economía. Si se detiene la emisión de deuda, o peor, la economía entra en recesión (reducción de la producción) o depresión (destrucción de la demanda) y las empresas dejan de pagar sus préstamos, *todo el dinero creado mediante la emisión de esos préstamos desaparece.*

Mi amigo, esta es la descripción de una estafa "Ponzi". Uno podría preguntarse: ¿Qué pasa si alguien paga un préstamo? En ese caso, el dinero también desaparece. ¿Puede usted entender ahora por qué la deuda personal, corporativa y gubernamental sigue creciendo a un ritmo acelerado a nivel mundial? *Debe hacerlo, o el sistema colapsará sobre sí mismo en una espiral descendente masiva de impagos de deuda.*

Es una locura. Sin embargo, con este sistema, no hay elección. Ahora ya saben por qué los reyes de la tierra nos han condicionado a creer que para que la humanidad prospere, el PIB y los mercados bursátiles deben seguir aumentando indefinidamente. Durante la Gran Recesión de 2009-2010, el sistema estuvo a punto de colapsar. Como resultado, el gobierno designó oficialmente a los grandes bancos como Instituciones Financieras de Importancia Sistémica (IFIS), también conocidas como "demasiado grandes para quebrar". Estos puntos críticos de falla en su sistema hiper eficiente conectan el sistema monetario basado en la deuda con el sistema económico neodarwinista corporativista.

Satanás ama esta nueva versión de la economía global. Las grandes empresas, los grandes bancos y los gobiernos centrales se combinan para impulsar a los ciudadanos del mundo a extraer y consumir imprudentemente los recursos naturales de la Creación. Simultáneamente los coloca en una posición en la que pueden robar eficientemente el valor que creas mientras busca construir el Reino de Dios y dirigirlo a construir el reino del enemigo.

El dinero respaldado por deuda y el corporativismo neodarwinista crean un "ecosistema económico" plagado de hiper eficiencia, un defecto fatal de diseño. En su libro, *The Collapse of Complex Societies [Colapso de Sociedades Complejas]*, Joseph Tainter señala que los sistemas económicos hiper eficientes sin restricción siguen un camino predecible. Crecen, dominan su entorno, salen de la ventana de viabilidad, alcanzan sus límites y colapsan debido a la falta de diversidad, gobiernos locales débiles y la dominación de redes centralizadas.[59]

¿Cómo llegamos hasta aquí?

Los capítulos diecisiete y dieciocho de *Vine a Dar* ofrecen un sólido resumen histórico de la evolución del dinero, desde algo originalmente respaldado por bienes de valor tangible hasta la aberración basada en la deuda que tenemos hoy en día. Para nuestros propósitos, es importante destacar que, durante todo este periodo de 1600 años, con la excepción del tiempo de la dinastía asmonea en los siglos I y II a. C., el pueblo de Dios no participó en el diseño del sistema monetario que utilizaba.

Esto abrió la puerta para que los reyes de la tierra diseñaran sistemas que robaban al pueblo, de maneras cada vez más engañosas, para enriquecerse y librar guerras contra otras naciones. Por su propia naturaleza, al estar diseñados según los principios del engaño vacío, eran insostenibles. Por lo tanto, finalmente fracasaron, dejando a su paso un rastro de destrucción y miseria humana que supera la comprensión humana.

El sistema diseñado y gestionado por los gobiernos y los bancos centrales de hoy ha alcanzado ahora una etapa similar. El sistema que ellos crearon para financiar "todo tipo de males", incluidas las guerras eternas, se está volviendo inestable. Sin embargo, hoy el sistema es global y la tecnología ha introducido un nivel de hiper-eficiencia que el ser humano nunca había alcanzado antes. Está cargado de muchos puntos únicos de fallo, cada uno considerado "demasiado grande para fallar". Por lo tanto, el riesgo moral de Greenspan Put obliga a los bancos centrales a inyectar *billones* de dólares y otras monedas nacionales en la economía en un intento de salvarla del colapso.

Desafortunadamente, todos los esquemas Ponzi terminan cuando surge de la nada un evento que no pueden prever ni controlar. Una institución clave acabará fracasando, y la implosión del sistema basado en la deuda se volverá imparable. Lo salvaron en 1998, 2001 y

---

[59] Joseph Tainter, *The Collapse of Complex Societies*, Amazon.com

2008. ¿Pueden hacerlo de nuevo en 2024? 2027? 2030? Con la inestabilidad en el mundo geopolítico y financiero, lo dudo. Se acerca el día del ajuste de cuentas. Como la ekklesia, eso nos deja con una sola opción.

El Camino "Radical" de Dios: Crear un Sistema Alineado con el Diseño de la Creación

Al escribir *Vine a Dar*, pasé mucho tiempo en el libro de Génesis. Siempre he creído que cuanto más cerca puedas vincular un principio bíblico al acto de la Creación, más cerca estarás de entender el corazón de Dios. Un ejemplo es cómo Dios eligió crear a Adán. La Dra. Patti Amsden hace una observación aguda en su libro, *The Ekklesia Council - A Tale of Two Families [El Consejo Ekklesia - Una Historia de Dos Familias]*.

"[Génesis 2:7] describe a Dios metiendo Sus manos en la tierra para formar un hombre que vino de la tierra, transmitiendo así que el hombre estaría en unidad y completa armonía con su entorno. El hombre sacaría su sustento de la tierra. La tierra, a su vez, sería liberada en todo su potencial en las obras del hombre. El hombre fue diseñado para extraer vida de la tierra, y la tierra fue construida para recibir vida del hombre." [60]

La relación íntima y simbiótica entre la tierra y el hombre es clave para entender por qué el principio de sostenibilidad es vital para la construcción del Reino de Dios en la tierra. Cuando Dios creó al primer ser humano del polvo, nos vinculó relacionalmente a la Creación de la manera más íntima posible. La unidad y la armonía con la Creación se convirtieron en la clave para cultivarla y cuidarla de una manera que produzca abundancia sostenible.

Desafortunadamente, en nuestro mundo posmoderno, los evolucionistas neodarwinistas han tenido una gran influencia en la forma en que los economistas ven nuestra relación con la Creación.

---

[60] Dr. Patti Amsden, *The Ekklesia Council*, 2022, 53,54

Durante más de cien años, han afirmado que las plantas, los animales y los organismos que componen los ecosistemas biológicos de la tierra han sobrevivido por una razón. Son los ganadores en una competencia interminable por recursos escasos conocida como "supervivencia del más fuerte".

Hoy, sin embargo, una nueva generación de científicos está desafiando esa hipótesis. Lo que han encontrado es impresionante. La vida en la Tierra no prospera gracias a la intensa competencia, sino gracias a la *cooperación* finamente coordinada entre las numerosas formas de plantas, animales y organismos que habitan todos los ecosistemas naturales.[61] En otras palabras, la abundancia y la cooperación son principios inmutables *escritos en el tejido mismo de la Creación*. Fortalecen los ecosistemas de la tierra para sostenerse e incluso regenerarse después de eventos extremos, como una inundación global.

Dos libros sobre economía escritos por Bernard Lietaer tocaron esta realidad. Leerlos cambió mi vida. En *New Money for a New World [Dinero Nuevo para un Mundo Nuevo]*[62] y *Rethinking Money – How New Currencies Turn Scarcity Into Prosperity [Repensar el Dinero: Cómo las Nuevas Monedas Convierten la Escasez en Prosperidad]*,[63] el Sr. Lietaer conectó los cinco atributos de los ecosistemas biológicos autosostenibles con el diseño de ecosistemas económicos y monetarios.

Diversidad: Desde el principio, Dios llenó la tierra con abundantes organismos naturales que difieren en forma y función.[64]

Eficiencia: Existen varios componentes de un ecosistema para mejorar el rendimiento de lo que fluye a través de ellos.

---

[61] https://biologydictionary.net/symbiosis/

[62] https://www.amazon.com/New-Money-World-Bernard-Lietaer-ebook/dp/B006MXZBR6/ref=sr_1_1

[63] https://www.amazon.com/Rethinking-Money-Currencies-Scarcity-Prosperity-ebook/dp/B00B4IJFNU/ref=sr_1_1

[64] Génesis 1

Persistencia: Existe un subconjunto diverso de organismos, conocidos como replicadores, dentro de un ecosistema. Se reproducen constantemente y mantienen una población estable mientras permanecen en equilibrio con todos los demás organismos.[65]

Simbiosis: La convivencia en asociación más o menos íntima o unión estrecha de dos organismos disímiles que trabajan juntos en beneficio de ambos.

Resiliencia: La "red de flujo" de un ecosistema tiene múltiples caminos para satisfacer las necesidades del sistema y preservarlo a través de perturbaciones externas inesperadas.

En el capítulo veinticuatro de *Vine a Dar* expliqué cómo Dios diseñó los ecosistemas naturales de la Creación para equilibrar la eficiencia con la sostenibilidad, ubicándolos en lo que los científicos llaman la "Ventana de Viabilidad".[66] El principio se describe de la siguiente manera:

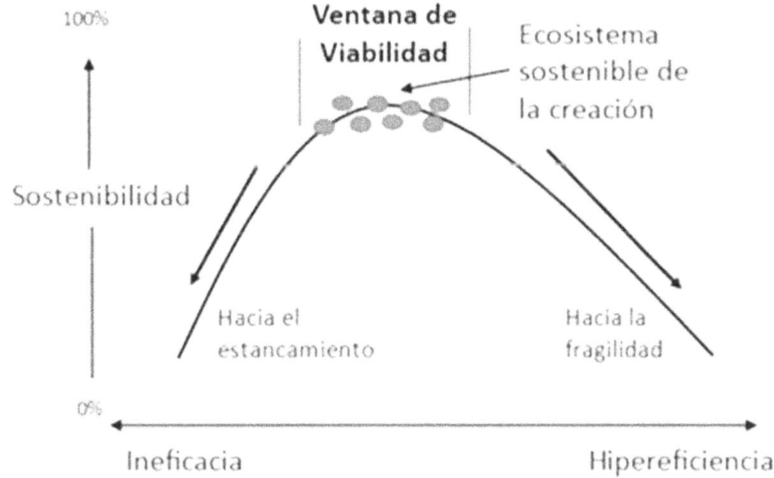

---

[65] Addy Pross, *What is Life?*, 75
[66] Robert E. Ulanowicz, *A Third Windon: Natural Foundations for Life*, 2008

Los ecosistemas naturales con los cinco atributos mencionadas anteriormente habitan consistentemente la ventana de viabilidad. Crean resiliencia al formar un número saludable de vías diversas para distribuir recursos críticos en todo el ecosistema. Si existen demasiadas vías, los recursos deambulan ineficientemente por el sistema mientras que la entropía pasa factura. El ecosistema se estanca y muere lentamente. Si existen muy pocas vías altamente eficientes, el sistema se vuelve frágil, y cuando interviene la entropía, la falla de una sola vía crítica de repente hace que el ecosistema colapse.

La idea de diseñar intencionalmente sistemas de acuerdo con los cinco atributos enumerados anteriormente no es nueva. Dios ha revelado los beneficios de hacerlo a personas de una amplia variedad de industrias y en naciones de todo el mundo. Un ejemplo es el Biomimicry Institute [Instituto de - Biomímesis]. Su misión declarada es:

"... crear productos, procesos y políticas, nuevas formas de vida, que resuelvan nuestros mayores desafíos de diseño, sostenibilidad y solidaridad con toda la vida en la tierra. Podemos usar la biomímesis no solo para aprender de la sabiduría de la naturaleza, sino también para curarnos a nosotros mismos, y a este planeta, en el proceso." [67]

Desafortunadamente, como la mayoría de las organizaciones en esta área, están dirigidas por personas con una cosmovisión predominantemente secular. Sin embargo, debido a que están mirando hacia la gloria de la Creación, han revelado involuntariamente el principio de sostenibilidad de Dios a la humanidad. Agradecemos que, gracias a ellos, se estén logrando progresos.

Sin embargo, es nuestra responsabilidad dar crédito al Creador, no a lo creado. Dios diseñó los ecosistemas de la tierra para que superaran los efectos de la Caída. Los seguidores de Jesús debemos dar a conocer esto al mundo y diseñar sistemas económicos y monetarios que gestionen la creación y el intercambio de valor en todo Su Reino.

Un ejemplo de la importancia del principio de sostenibilidad se

---

puede observar en las comunidades afectadas por desastres naturales. Barrios, negocios, escuelas y hospitales quedan destruidos. La gente, conmocionada, deambula sin rumbo. Muchos lo han perdido casi todo. Tras el impacto inicial, su bienestar emocional, físico y espiritual pende de un hilo.

Dependiendo del tamaño de la comunidad, una mentalidad de escasez y los espíritus de control y competencia puede crear un breve pero intenso espasmo de saqueo. Eso es lo que aparece en las noticias. Una vez que los medios sensacionalistas se alejan, nos perdemos lo que sucede en las semanas y meses siguientes. Mucho después de que las nubes de tormenta se hayan disipado y las aguas de la inundación o los incendios hayan retrocedido, algo bastante sorprendente y contrario a la intuición sucede en una cultura que alguna vez estuvo consumida por el corporativismo neodarwinista. El miedo, la codicia y una mentalidad de escasez también retroceden. *La comunidad redefine la prosperidad, y comienza una gran restauración.*

En lugar de caer en el caos, los vecinos trabajan juntos para limpiar y salvar lo que puedan. Las empresas y las organizaciones religiosas juntan generosamente sus recursos. La gente comparte la comida con sus vecinos, y parten el pan juntos. Trabajan hombro a hombro, compartiendo lágrimas, abrazos e historias personales con aquellos en su comunidad que solo unos días antes eran totalmente extraños. La cooperación, la mayordomía, la abundancia y asegurar y proteger la identidad de la familia, los amigos y los vecinos naturalmente a cobrar prioridad.

Eventualmente, la risa y la esperanza regresan. Juntos, imaginan un nuevo futuro. Los recursos humanos y monetarios fluyen hacia la comunidad de personas de todo el estado, la nación y, a veces, de todo el mundo. Trabajando juntos, reconstruyen infraestructura y hogares. Y en el proceso, construyen nuevas relaciones.

Con determinación y compromiso, la comunidad comienza a reponer los equilibrios devastados del bienestar emocional, físico y espiritual de sus ciudadanos con grandes dosis de micro depósitos. Este fenómeno ha ocurrido a lo largo del tiempo y a través de culturas y geografía. Abarca desde ayudar a una granja familiar que perdió su cosecha debido a una tormenta de granizo hasta la reconstrucción de países devastados por la guerra. Es un testimonio increíble del poder de los principios económicos de Dios.

Sin embargo, en cada caso, algo ha estado faltando.

Cuatro de los cinco principios económicos para la construcción del Raino de Dios se consideraron objetivos principales durante el proceso de restauración. Es decir, hasta que la comunidad recuperó su estado anterior al desastre. En ese momento, la cooperación con sus vecinos para asegurar y proteger su identidad ya no era una prioridad. A medida que pasaban los meses y los años, la mayoría de las personas volvían a los caminos del hombre de construir su comunidad.

Sí, tuvieron una experiencia compartida. Sí, se creó un vínculo emocional que puede tardar una generación en desvanecerse. Pero la práctica diaria de construir un tipo diferente de prosperidad, basada en las relaciones y la identidad humana, llegó a su fin.

Cuando te detienes y piensas en ello, esto no tiene sentido. El proceso de restauración fue increíble. ¿Por qué no continuaron todos trabajando juntos y construyendo su comunidad de una manera que produjo resultados tan increíbles? ¿Por qué no continuaron vertiendo generosamente micro depósitos de bienestar emocional, físico y espiritual en las vidas del uno y del otro? ¿Por qué no continuaron construyendo una vida y una comunidad mucho mejores que las que existían antes del desastre?

Si leíste *Vine a Dar*, sabes la respuesta. Los sistemas económicos y monetarios que tenemos hoy están diseñados intencionalmente para evitar ese resultado. En cambio, el corporativismo está diseñado para mantener a la humanidad atrapada en el Siglo del Yo, donde los "grandes" se alimentan de su productividad para construir un reino dominado por los enemigos de Dios.

Dios quiere algo mejor para ti. Él quiere algo mejor para tu comunidad. Él quiere algo mejor para la humanidad. Los primeros capítulos del libro de los Hechos muestran que podemos crear sistemas que produzcan la vida abundante que Jesús vino a dar. La siguiente tabla nos muestra que un nuevo sistema de intercambio de valores puede encajar muy bien en la ventana de viabilidad entre los sistemas de socialismo y capitalismo del hombre. Se basa en los caminos de Dios, y fue practicado por la iglesia de Hechos 2 del primer siglo. Lo único que hay que añadir es el principio de sostenibilidad.

Modelos económicos en la ventana de viabilidad

	Impacto en la humanidad	Fruta demostrada	Posición en la ventana	
Socialismo (Control)	Hurto, Ineficacia, Opresión, Escasez, Miseria	La Carne	Estancado	Fracaso lento
Hechos + (Cooperación)	Identidad, Localismo, Equilibrio, Abundancia, Administración, Jurisdicción	El Espíritu	Sostenible	¡Venga el Reino!
Capitalismo (competencia)	Consumo, Hipereficiencia, Escasez, Codicia, Muy grande para fallar	La Carne	Frágil	Colapso repentino

Hoy tenemos la oportunidad de hacer precisamente eso. Construir un nuevo sistema económico y monetario basado en la cooperación, la mayordomía, la abundancia, la identidad y la sostenibilidad *es posible* en el siglo XXI. Un sistema de este tipo será un ancla en la tormenta económica que se avecina. Es decir, si los seguidores de Jesús tienen el valor de creer en la palabra de Dios y adoptar Sus caminos increíbles, radicales y perfectos.

74

Parte 2
El Fundamento

Capítulo 6

Cosmovisión Anclada

"Con toda sabiduría y inteligencia nos dio a conocer el
misterio de Su voluntad, según Su bondadosa intención que se
propuso en Él con miras a una administración adecuada a la
plenitud de los tiempos, es decir, la reconciliación de todas las
cosas en Cristo, las cosas en los cielos y las de la tierra."
Efesios 1:8b-10 (NASB)

El hecho de que estés leyendo este libro significa que una cosmovisión bíblica es importante para ti, y estás dispuesto a invertir tiempo para entender las verdades bíblicas. Lamentablemente, ese no parece ser el caso en gran parte de la iglesia occidental. Un estudio por el Cultural Research Center [Centro de investigación Cultural] en Arizona Christian University en mayo de 2022 reveló que solo el 37% de los pastores y el 12% de los pastores juveniles en los Estados Unidos tienen una cosmovisión bíblica.[68] Si estos números son cercanos a la realidad, tenemos una crisis entre manos

Como el centeno que no se arranca en un campo de trigo, cuando los líderes de la iglesia abrazan las tradiciones de los hombres, las cizañas de la filosofía y vanas sutilezas crecen en las familias que ellos guían. Con el tiempo, estas cizañas ahogan la Palabra de Dios, invalidándola. El resultado es una "iglesia" que no sabe de qué trata realmente el evangelio del Reino.

Nuestra respuesta a tal crisis es restaurar una cosmovisión bíblica integral en la iglesia. Si bien esto puede parecer obvio, el camino hacia la restauración no lo es. Por radical que parezca, creo que establecer

---

[68] https://www.arizonachristian.edu/2022/05/12/shocking-lack-of-biblical-worldview-among-american-pastors/

una cosmovisión *económica* bíblica es un primer paso fundamental. Déjame explicarte.

En la introducción, argumenté que la economía es la red de ríos, lagos y arroyos que dirigen el flujo de recursos que dan vida hacia y entre las llamadas siete montañas de la cultura. La cuestión es que los sistemas económicos lo afectan todo. Ellos aprovechan la energía económica del pueblo de Dios para la administrar de la obra de Dios en la tierra.

Recuerda, la palabra griega para "administración" es *oikonomia*, que significa administrar los recursos para el beneficio del propietario de un hogar. La Escritura al principio de este capítulo, combinada con Efesios 3:8-10, le da a la ekklesia una directiva administrativa y, por lo tanto, *económica*.

> "A mí, que soy menos que el más pequeño de todos los santos,
> se me concedió esta gracia: anunciar a los gentiles las
> inescrutables riquezas de Cristo, y sacar a luz cuál es la
> dispensación del misterio que por los siglos ha estado oculto
> en Dios, creador de todas las cosas; a fin de que la infinita
> sabiduría de Dios sea ahora dada a conocer por medio de la
> iglesia a los principados y potestades en las regiones
> celestiales,"
> Efesios 3:8-10

La vida y las enseñanzas de Cristo sacan a la luz el misterio de la voluntad de Dios. La ekklesia puede entonces dar a conocer la múltiple sabiduría de Dios a los gobernantes y autoridades en lugares celestiales. Sólo cuando los caminos de Dios sean administrados adecuadamente, conducirán a la plenitud de los tiempos por los cuales todas las cosas serán "reconciliadas" en los cielos y la tierra en Cristo.

¡Guau! ¡Qué responsabilidad tan increíble! Como ekklesia, se nos da el privilegio de colaborar con Dios y Su consejo para diseñar sistemas que administrarán actividades en la tierra de tal manera que nos preparen para recibir a nuestro Rey. Cuando consideramos esto, surgen varias preguntas con respecto a nuestros sistemas económicos y monetarios actuales...

- ¿Es la múltiple sabiduría de Dios adquirir los recursos para construir Su Reino por medio de mordernos y devóranos unos a otros en el mercado?

- ¿Es la múltiple sabiduría de Dios usar esos recursos para crear para nosotros mismos un nivel de comodidad y riqueza que solo los reyes disfrutaron hace apenas mil años, mientras que nuestras calles permanecen llenas de pobres, huérfanos y viudas?

- ¿Es la múltiple sabiduría de Dios que la ekklesia abrace los sistemas económicos y monetarios creados por los reyes de la tierra que histórica y prediciblemente fallan, dejando un rastro de dificultades y sufrimiento a su paso?

- ¿Es la múltiple sabiduría de Dios que la ekklesia abrace los sistemas económicos y monetarios que conducen a la violación y el saqueo de los recursos naturales de la tierra y la destrucción del medio ambiente?

Por supuesto que no lo es. Es ilógico, incluso absurdo, adoptar sistemas que están diseñados por los mismos "gobernantes y autoridades en los lugares celestiales" a quienes se supone que debemos dar a conocer la multiforme sabiduría de Dios. Sin embargo, aquí estamos. La mayoría de los seguidores de Jesús desprovistos de una cosmovisión bíblica general, y mucho menos de una que incluye los principios económicos mediante los cuales Dios quiere que construyamos Su Reino. Hasta que corrijamos esto, la iglesia seguirá cosechando cizaña y los ciudadanos del mundo seguirán sufriendo las consecuencias.

Adoptar una Cosmovisión Centrada en la Identidad

Muchos seguidores de Jesús se esfuerzan por vivir de acuerdo con una cosmovisión bíblica porque viven en un mundo dominado por sistemas diseñados de acuerdo con los principios básicos del mundo. El enemigo utiliza estos sistemas para socavar la identidad de cada persona como portadora de la imagen de Dios. Sin siquiera saberlo, las personas gradualmente abrazan las tradiciones de los hombres, y la Palabra de Dios pierde su poder en sus vidas.

El hecho de no comprender lo que significa ser creado "a imagen de Dios"[69] es un factor importante que contribuye a sus dificultades. El Dr. Michael Heiser ha estudiado cuidadosamente este asunto crítico y ha llegado a la conclusión de que llevar la "imagen" de Dios significa desempeñar en la tierra *un papel o lograr un objetivo* que sólo Él puede hacer.[70]

Como dice el Dr. Heiser, Dios creó criaturas como Él para ser Él en la tierra para cumplir Su voluntad. El Dr. Heiser utiliza el término "Imagers" para transmitir esta interpretación. Vemos este punto de vista apoyado por el apóstol Pablo cuando describe la combinación de la naturaleza divina y humana de Jesús.

> "Él [Jesús] es la imagen del Dios invisible [espiritual], el primogénito de toda la creación."
> Colosenses 1:15

> "Porque agradó al Padre que en Él habitara toda la plenitud,"
> Colosenses 1:19

> "Porque en Él toda la plenitud de la Deidad [espiritual] mora en [dentro de] forma corporal,"
> Colosenses 2:9 (NASB)

Estos versículos y otros similares, nos dicen que Jesús se convirtió en el "Imager" completo y perfecto de Dios en la tierra.[71] Su cuerpo humano se convirtió en la vasija a través del cual se manifiestan en la tierra los *objetivos* de Dios en su plenitud. La buena noticia es que, si bien somos parciales e imperfectos, también somos "Imagers" de Dios". Esto significa que podemos ayudar a lograr los objetivos

---

[69] Génesis 1:26,27
[70] Dr. Michael Heiser, *The Unseen Realm*, Capítulo 5
[71] Juan 14:7-11, 17:6

de Dios *solo si llevamos Su imagen*, tal como lo hizo Jesús. Múltiples Escrituras del Nuevo Testamento son claras en este punto.

"y os habéis vestido del nuevo hombre, el cual se va renovando hacia un verdadero conocimiento, conforme a la imagen de aquel que lo creó;"
Colosenses 3:10

"Porque a los que de antemano conoció, también los predestinó a ser hechos conforme a la imagen de su Hijo..."
Romanos 8:29

"...ocupaos en vuestra salvación con temor y temblor; porque Dios es quien obra en vosotros tanto el querer como el hacer, para su beneplácito."
Filipenses 2:12-13

"Por tanto, somos embajadores de Cristo, como si Dios rogara por medio de nosotros; en nombre de Cristo os rogamos: ¡Reconciliaos con Dios! Al que no conoció pecado, le hizo pecado por nosotros, para que fuéramos hechos justicia de Dios en Él."
2 corintios 5:20-21

Esta última Escritura proporciona el contexto de todos los versículos relacionados que se mencionaron anteriormente. La palabra griega para "llegar a ser" significa literalmente entrar en existencia. Como creyente en Jesús, usted ha sido creado para manifestar la justicia de Dios en la tierra al portar la imagen de Su Hijo. Como un perfecto Imager humano, Jesús manifestó plenamente el papel de Dios en la tierra al cumplir plenamente los objetivos que le fueron asignados. Aunque somos seres Imagers imperfectos y, por lo tanto, solo podemos manifestar un subconjunto de los objetivos de Dios en la tierra, ¡eso sigue siendo todo un privilegio!

Un ejemplo de cómo nuestros hijos biológicos "portan" nuestra imagen puede ayudar a explicar cómo funciona esto. Los niños humanos portan un subconjunto del ADN de sus padres en sus cuerpos físicos. Heredan un subconjunto de su apariencia, salud y temperamento. Sus cuerpos físicos son un subconjunto funcional de la "imagen" de sus padres. ¡Este principio también se aplica a nuestra identidad espiritual como hijos de Dios, permitiéndonos lograr colectivamente Su objetivo final: que es construir Su Reino en la tierra![72]

Comprender esta definición precisa de nuestra identidad es esencial. Satanás conoce el poder que llevamos cuando, por portar la imagen de Dios, realizamos solamente un pequeño subconjunto de Sus objetivos en la tierra. Es por eso por lo que reclutó a los reyes de la tierra para crear sistemas económicos y monetarios diseñados para usar parqués que buscan separar a los humanos de sus identidades como portadores de la imagen de Dios. Y por eso es por lo que guarda celosamente estos sistemas.

Lamentablemente, continúa administrando estos sistemas con un éxito impresionante. Ha confundido tanto a la gente acerca de sus identidades, que hoy muchos, incluyendo a un juez de la Corte Suprema de los Estados Unidos, no puedan responder a la pregunta: "¿Qué es una mujer?" El robo de identidad está tan extendido que cada vez más personas afirman que los hombres pueden menstruar y tener bebés. Por eso también creen que a los niños en edad escolar primaria se les debe permitir elegir su identidad de género.

Todos deberíamos estar preocupados cuando personas tan engañadas acerca de sus identidades ocupan puestos de autoridad en nuestro gobierno y escuelas. Invertir este proceso llevará tiempo. Una razón principal por la que escribí *Vine a Dar* y *Mis Caminos* es para ayudar a llevar la economía de la identidad a la discusión de la cosmovisión bíblica.

El éxito puede una tarea imposible porque pocos seguidores de Jesús entienden los principios y espíritus que impulsan el socialismo (control), el capitalismo (competencia) y el corporativismo (la alianza impía entre los dos). Sin embargo, tenemos esperanza. Durante años,

---

[72] Juan 1:12

Dios ha estado revelando Sus principios económicos a muchas personas, tanto dentro como fuera de la iglesia, a través de la "revelación general".

> "Porque desde la creación del mundo, sus atributos invisibles,
> su eterno poder y divinidad, se han visto con toda claridad,
> siendo entendidos por medio de lo creado, de manera que no
> tienen excusa."
> Romanos 1:20

Como se mencionó en el último capítulo, economistas seculares como Bernard Lietaer y documentalistas han vislumbrado la belleza de los caminos de Dios. Por lo tanto, creo que Dios usará a estas personas para crear un puente para que los pastores que han sido tomados cautivos por la filosofía secular encuentren su camino de regreso a la verdad.

Con el tiempo, la inestabilidad económica proporcionará una motivación adicional para que estos pastores descarriados y sus rebaños exijan una respuesta a la pregunta: "¿Por qué está sucediendo esto? En su libro *Discipling Nations [Discipula Naciones]*, Darrow Miller responde a esta pregunta señalando que las cosmovisiones siempre determinan los resultados económicos.

Miller ofrece como ejemplo la "guerra contra la pobreza" del presidente Lyndon Johnson. Durante más de sesenta años, el gobierno de los Estados Unidos gastó decenas de billones de dólares en programas contra la pobreza. Aun así, la pobreza sigue siendo un problema en los Estados Unidos. De hecho, debido a las realidades económicas actuales (2024), está empeorando. Su explicación de por qué está sucediendo esto es sólida:

"El hecho es que diferentes conjuntos de ideas producen comportamientos distintos, individual y corporativamente. Estos comportamientos se institucionalizan en las leyes y estructuras de la sociedad, causando la pobreza y otras formas de quebrantamiento.

[La pobreza permanece]porque no se hizo nada para transformar la cosmovisión de los receptores.

La alienación del hombre de Dios (y el desprecio de los principios de Dios) produce una mentalidad de pobreza que envenena aún más la mente, el espíritu y el corazón." [73]

Luego señala con razón:

"... la verdad libera a las personas y a las naciones para prosperar. Es seguro decir que el capital metafísico es más importante para florecer que el capital físico." [74]

Léase eso de nuevo. El capital metafísico (el bienestar espiritual) es más importante para el florecimiento humano que el capital físico (las cosas). Esto puede parecer obvio, pero en la economía del siglo XXI del corporativismo neodarwinista no lo es en absoluto.

Miller continúa señalando que la iglesia no puede esperar desarrollar un "capital metafísico" (es decir, bienestar espiritual) simplemente dándole a un hombre un pescado para que tenga comida para el día. También señala que los programas de "desarrollo", que enseñan a un hombre a pescar para que tenga comida para toda la vida, aunque son mejores, no son la solución. Miller señala que los principios y las *formas* de pesca de Dios también son importantes. Adoptarlos es la única manera de transformar verdaderamente las culturas, y eso solo sucederá cuando una cosmovisión bíblica integral impregne la cultura. [75]

Como señala Miller, "Una cosmovisión hace más para influir en el florecimiento de las personas, su prosperidad o pobreza, que su entorno físico u otras circunstancias".[76] Esta es la razón por la que los líderes y ciudadanos de las comunidades deben abrazar los cinco principios económicos de cooperación, mayordomía, abundancia, identidad y sostenibilidad como parte de una cosmovisión bíblica

---

[73] Darrow Miller, *Discipling Nations*, 43
[74] Ibídem, 49
[75] Romans 12:2
[76] Darrow Miller, *Discipling Nations*, 12

integral. No importa lo radicales que parezcan. Portar la imagen de Dios y vivir conforme a sus principios y aminos son los únicos medios para producir los resultados que Él desea mientras el mundo entra en un período crítico de transformación masiva.

Una Cosmovisión Basada en Principios

Desde 2014, he tenido el privilegio de servir junto a algunos lideres extraordinarios en el Statesmen Project que ahora se conoce como Rebuilders Network. Ayudamos a los líderes de las comunidades locales a adoptar un enfoque basado en principios para lograr lo que Dios les ha dado para hacer al servicio de Su Reino.

Dennis Peacocke, fundador del Rebuilders Network y GoStrategic, es amigo y mentor. Durante los últimos cincuenta años, ha derivado un conjunto de "12 Principios Maestros" de su estudio de las Escrituras. Los lideres los utilizan para guiar el desarrollo de políticas y sistemas en múltiples jurisdicciones, incluidas las locales, nacionales e internacionales.

Estos principios forman la base para los principios económicos de Dios. Tenerlos como fundamento de nuestra cosmovisión económica bíblica nos brinda una defensa sólida en el próximo debate público sobre la reforma económica y monetaria. Los siguientes son extractos de los 12 Principios Maestros, reimpresos con permiso de GoStrategic.

El Principio #1 es la Trascendencia: El reconocimiento de ideas y creencias primarias, fundamentales y ampliamente adheridas que definen, limitan o interpretan todos los valores menores. Sirven para crear unidad para un grupo de personas y guiar su comportamiento. Se trata de asuntos de máximo interés, prioridades y planificación estratégica. Comprometerse a operar consistentemente a través de este principio requiere coraje, honestidad y arduo trabajo.

El Principio #2 es la Elección: Es el fundamento de toda verdadera libertad. Se contrarresta con el principio de reciprocidad que mide la elección por su efecto sobre los demás. Juntos, la elección y la reciprocidad nos dan la libertad apropiada dentro del contexto de "amar a tu prójimo como a ti mismo". Tanto el amor como la comunidad están entrelazados en este acoplamiento de principios.

El principio #3 es la Reciprocidad: *La reciprocidad* es el "principio puente" que conecta la creación de Dios de la individualidad única y el yo con el "nos" de la humanidad colectiva y la realidad del "yo-tú" de mí mismo en el contexto de todas las demás partes de la creación de Dios en las que existo. Mi ser y mis elecciones, al igual que las de Dios, están totalmente interconectadas con mi efecto en mi entorno y el efecto de mi entorno en mí.

El Principio #4 es el Poder Basado en el Servicio: Este principio es lo que en última instancia mantiene unidas a las personas y mide a aquellos que están en posiciones de poder. El modelado del poder basado en el servicio, o la falta de él, comienza en nuestros hogares como padres y co-gobernadores sobre nuestros matrimonios y progenie. Estamos sujetos a gobiernos sociopolíticos de todo tipo y nivel a lo largo de nuestra vida, entre los que destacan las organizaciones en las que pasamos las décadas de nuestra vida laboral. Como tal, existe la necesidad de evaluarnos constantemente a nosotros mismos y a otros líderes si nuestro uso del poder es egocéntrico o basado en el servicio.

El Principio #5 es la División del Trabajo: Dios, nuestro Creador, nos dotó a todos con habilidades específicas, temperamentos y activos físicos e intelectuales hechos a la medida para encajar perfectamente en la obra que Él ha elegido para cada uno de nosotros. Nuestra búsqueda se convierte entonces en una jornada de percibir estos bienes y patrones que conducen a lo que fuimos hechos y preparados para hacer. La programación de Dios de nuestro ADN incluso afecta los tipos de personalidades con las que Él nos diseñó para ser compatibles a medida que nos involucramos en el trabajo complementario. Ninguno de nosotros es tan inteligente como todos nosotros, y "nosotros" es varias veces más poderoso que "yo". En lugar de quejarnos de que otras personas pueden hacer mejor tantas cosas que nosotros no podemos hacer, celebrar la división del trabajo torna nuestras decepciones en una sinfonía orquestada.

El Principio #6 es la Separación de Poderes: Este principio es el antídoto y la actitud de apoyo para el empoderamiento de los demás. Este impresionante principio inyecta controles y equilibrios para limitar lo que cualquier faceta del poder institucional a través del gobierno puede hacer. Separar las funciones de un órgano de gobierno contrarresta el poder e introduce el principio de mutualidad. Por lo tanto, se requiere que varias divisiones del gobierno institucional funcionen juntas para promulgar decisiones de gobierno. De hecho, ninguna nación puede reclamar fuerza, honor o "grandeza" cuando sus ciudadanos y sistemas educativos abandonan esta función esencial que no es negociable.

El Principio #7 es el Gobierno Jurisdiccional: Dios ha dividido el orden cosmos del hombre en unidades más manejables para gobernar. Hay cinco unidades de gobierno naturales, o esferas, para los cosmos que comprenden el reino del gobierno de Dios. Todo gobierno cae en una u otra de estas cinco categorías:

1. El individuo (autogobierno)
2. La familia (gobierno familiar)
3. La iglesia local (gobierno de la iglesia)
4. El comercial (gobierno económico)
5. El gobierno (gobierno civil)

Dios está organizado y en orden, gobernando a través de estos sistemas. Debemos enseñar a las personas y a las naciones lo que Dios requiere de ellos personalmente en sus familias, en las iglesias, en su administración económica y, finalmente, en sus instituciones civiles.

El principio #8 es el Localismo vs. Centralización: El localismo se trata de mantener el poder vigilado y operar con grupos más pequeños de personas directamente involucradas en la toma de decisiones a niveles más pequeños, mientras que la centralización se trata de la reunión de cantidades cada vez mayores de personas y cada vez menos personas ejerciendo control sobre ellas. Socialmente hablando, la centralización significa más control por parte de menos líderes; el localismo significa involucrar a más personas en más decisiones. En cualquier caso, el choque entre los poderes del localismo y la centralización es de proporciones épicas en el "mundo plano" de hoy. Comprender con seriedad y precisión la desestabilización de los tiempos socioeconómicos actuales requiere una comprensión clara de estos poderes opuestos.

El principio #9 es Límites: El principio de límites no puede ser exagerado como una guía esencial para una vida exitosa, tanto personal como socialmente. Los límites nos protegen de pensamientos y acciones destructivas. Aplicados correctamente, nos impulsan a nuevos niveles de maduración y la emoción del desafío y el cambio. El concepto de límites es extraordinario porque tiene significados opuestos dependiendo de su uso.

El principio #10 es la Justicia e Igualdad: Muchos diccionarios describen la justicia como la administración justa de castigos, recompensas y lo que es justo debajo de la ley, o algunos podrían decir, el justo pago. La justicia no se trata de rendimientos iguales; se trata de rendimientos medidos. Una decisión justa se trata de recibir lo que se ajusta exactamente a lo que uno hizo o dejó de hacer bajo la ley. La igualdad, por otro lado, es muy diferente a la justicia. La igualdad significa que todos reciben lo mismo o tienen los mismos beneficios o sanciones en relación con un conjunto común de leyes, acuerdos u oportunidades. Igual significa igual; no hay parcialidad a menos que la misma parcialidad se aplique a todos.

El principio #11 es la Realidad Basada en Resultados: En muchos sentidos, la realidad basada en resultados es similar a lo que comúnmente se llama, el "método científico", en el sentido de que las ideas se miden por su verdad o efectividad por los resultados consistentes que producen cuando se aplican cuidadosamente a diversas situaciones o aplicaciones. Las Escrituras, por cierto, son el "padre" o fuente primaria de esta metodología de evaluación de la verdad y los principios. La realidad basada en resultados debe ser la forma en que todas las teorías, ideas o ideologías se prueban para la consistencia de los resultados, los principios que pueden ser energizantes de ellos y el grado en que los resultados de sus aplicaciones se alinean con lo que las ideas / teorías dijeron que producirían. Este concepto es tan básico como para ser una "realidad que parte de allí" para todas las personas disciplinadas y pensantes.

El Principio #12 es el Puente de la Confianza: Junto al Principio Maestro #1, Trascendencia, este es quizás el más importante de los doce. En última instancia, toda la interacción humana está mediada a través del "puente de confianza" que existe entre las personas. Obviamente, cuanto mayor es la confianza, más fuerte es el puente. Cuanto más fuerte es el puente, más pesada es la carga que puede soportar. Se puede decir que todas las eficiencias, beneficios, valores comunes y capital relacional dependen de la "fuerza de tensión" de este puente figurativo.

Resumen de los 12 Principios Maestros:

La mayoría de las cosas preciosas en nuestras vidas se basan en la relación. De la confianza al amor, Dios nos creó para prosperar más perfectamente en el contexto de relaciones sólidas y probadas. La sabiduría construye relaciones a la velocidad de la confianza; valora mucho estos vínculos humanos porque definen todo lo demás. Por diseño, los 12 Principios Maestros están marcados por el Principio #1: Trascendencia y el Principio #12: el Puente de la Confianza. La trascendencia nos obliga a mirar lo que realmente importa más, y el Puente de Confianza nos presiona para definir las relaciones esenciales sobre las que descansan nuestras visiones y asignaciones en la vida.

(fin de la reimpresión)

(Para obtener más detalles sobre estos principios, visite
https://www.gostrategic.org/12-master-principles/)

La ekklesia debe desarrollar y ejecutar estrategias para desplazar los sistemas diseñados por los reyes de la tierra. Estos principios establecen:

- Una base para una cosmovisión bíblica integral.

- Un medio para alinear la estrategia, las tácticas y la toma de decisiones para guiar la transformación de la comunidad.

- Principios históricamente probados que producen resultados efectivos y sostenibles.

- Una base para una estrategia lingüística que permita participar en el debate público sobre el diseño de nuevos sistemas.

Los principios de la vana sutileza siempre conducen al robo, la destrucción y la miseria. Los principios de Dios producen resultados sostenibles que edifican vidas, organizaciones y naciones. Los 12 Principios Maestros equipan a la ekklesia para ofrecer con confianza soluciones radicales pero bíblica e históricamente defendibles a los problemas del mundo.

Los 12 Principios Maestros y la Economía

Cuando definimos cada uno de los cinco principios económicos de Dios, se hace evidente cuáles de los 12 Principios Maestros son trascendentes al proporcionar a cada uno apoyo bíblico.

- **Cooperación**: Nosotros elegimos (*elección*) de trabajar con otros a medida que damos nuestros dones y talentos únicos (*división del trabajo*) para servir a nuestros vecinos (*poder / reciprocidad basada en el servicio*), lo que fortalece la confianza (*puente de confianza*) entre los Imagers de Dios (*realidad basada en resultados*) mientras construyen Su Reino.

- **Mayordomía**: Nosotros elegimos (*elección*) de reconocer que Dios es dueño de todo (*gobierno jurisdiccional*), y que nuestra responsabilidad es "cultivar y cuidar" la creación para su uso más alto y mejor (*poder basado en el servicio*) como el medio para lograr el objetivo de construir el Reino de Dios (*realidad basada en resultados*).

- **Abundancia**: Nosotros elegimos (*elección)* de creer en la promesa de Dios de que Él proveerá para nosotros (*puente de confianza*), al manifestar la porción de Su imagen que se nos asignó (*división del trabajo*), para administrar los recursos de manera que se satisfagan las necesidades de todos en la comunidad (*poder basado en el servicio*).

- **Identidad**: Nosotros elegimos (*elección*) de nutrir el bienestar emocional, físico, y espiritual de nuestro prójimo para proteger su identidad como portadores de la imagen de Dios (*poder basado en el servicio*), y desarrollar una comunidad saludable para nuestra familia (*reciprocidad*), que manifieste el Reino de Dios en la tierra (*realidad basada en resultados*).

- **Sostenibilidad**: Nosotros elegimos (*elección*) reconocer la ley de la entropía (*realidad basada en resultados*), y diseñar sistemas que distribuyan responsabilidades (*división del trabajo*) de modo que el ecosistema económico esté protegido y maximice la creación de valor a largo plazo (*abundancia*) para todos (*reciprocidad y poder basado en el servicio*).

Tenga en cuenta que cada uno de los cinco principios comparte el principio de elección. Esto pone de relieve la sobria realidad de que nuestras elecciones producen resultados reales, ya sean positivos o negativos. También significa que, como miembros de la ekklesia, vuestras elecciones durante los próximos años producirán consecuencias para bien o para mal que repercutirán a lo largo de la historia. Y esa es una dura realidad basada en los resultados que debemos afrontar.

Oro para que este libro equipe a la ekklesia para participar en una discusión pública sobre qué autoridades jurisdiccionales deberían participar en el diseño y la gestión de los sistemas económicos y monetarios del mañana. Incorporar los principios económicos de Dios en su cosmovisión bíblica integral lo capacitará para participar con confianza en la discusión. Y aunque el objetivo final es discipular a las naciones, descubrirá que nuestras comunidades locales son en donde está la acción, por lo que ahí es donde ahora centraremos nuestra atención.

Capítulo 7
Enfocados en la Comunidad Local

Durante el siglo XX y principios del XXI, el capitalismo neodarwinistas y el corporativismo ha establecido lentamente grandes conglomerados multinacionales como las fuerzas principales en la economía global. Los confinamientos de la política pandémica equivocada de 2020 y 2021, solo sirvieron para acelerar este proceso, ya que innumerables pequeñas empresas en todo el mundo cerraron sus puertas, para nunca volver a abrir. Esta fue un gran avance de los enemigos de Dios en la guerra entre los principios de separación de poderes, sostenibilidad y localismo y la centralización del poder y el control a través de la globalización.

Durante este tiempo, las organizaciones centralizadas, desde las empresas hasta los gobiernos y los bancos, extendieron su alcance y sobrepasaron con creces su autoridad jurisdiccional bíblica. Han creado sistemas que, aunque eficientes, ponen en peligro las economías locales al crear una dependencia de las cadenas de suministro que son inestables e insostenibles. Joseph Tainter, a quien mencioné en el capítulo cinco, señaló que los eventos inesperados interrumpen las vías críticas en los sistemas hiper eficientes, iniciando una cadena de eventos que conduce a la falla.

Las políticas de confinamiento económico de la era COVID iniciaron el proceso que describió Tainter. Las cadenas de suministro globales se desmoronaron. La escasez de todo, desde alimentos hasta energía y microchips, contribuyó a una ola de inflación global. Los líderes y economistas del gobierno nacional buscaron respuestas que no tienen porque se niegan a reconocer que la centralización es la raíz del problema.

Históricamente, cuando los gobiernos nacionales no proporcionan remedios a problemas graves, los principios del gobierno jurisdiccional y del localismo se imponen. Las comunidades comienzan a reclamar su autoridad jurisdiccional bíblica adecuada para aliviar el sufrimiento de sus ciudadanos. A medida que los sistemas económicos y monetarios globales sigan desmoronándose en los próximos años, los gobiernos centrales harán con toda seguridad lo que han hecho en el pasado, es decir, afirmarán su autoridad para "resolver" los problemas que crearon.

Esto plantea una pregunta importante. ¿Otorga la Escritura a los gobiernos nacionales (y cada vez más a los globales) el derecho exclusivo de diseñar, implementar y administrar sistemas económicos y monetarios? Habiendo estudiado las Escrituras durante años con esta pregunta en mente, puedo responder con confianza: "No. ¡No lo hacer!"

Dios concede ciertos derechos fundamentales a todos los seres humanos. La Constitución de los Estados Unidos enumera tres de ellos: el derecho a la vida, la libertad y la búsqueda de la felicidad. Esto significa que los seres humanos son libres de garantizar que puedan cuidar de sí mismos y de sus familias. No dependen de ningún gobierno para hacerlo, ni tampoco tienen por qué quedarse de brazos cruzados viendo sufrir a sus familias porque las autoridades centralizadas gestionan mal los sistemas económicos y monetarios y se extralimitan en su autoridad jurisdiccional, que según la Biblia les corresponde.

Por lo tanto, la lógica dicta que los principios económicos de Dios tienen un sesgo distintivo hacia el principio del localismo. Ejemplos de esta realidad están contenidos en el capítulo veintidós de *Vine a Dar*. Titulado "Buscar en el Registro Histórico", documenta cómo las comunidades de todo el mundo utilizan las monedas locales para crecer y sostener sus economías locales durante tanto en tiempos buenos como en tiempos difíciles. Si bien estas monedas son un componente clave para resolver los problemas asociados con la centralización económica y monetaria, también existe un componente espiritual que no puede pasarse por alto al diseñar y gestionar los sistemas económicos locales.

Reclamando Jurisdicción

Pocas personas conocen un período crítico en la historia del dinero que comenzó en el año 166 a.C. durante la dinastía asmonea.[77] Después de que el segundo templo fue reconstruido y rededicado,[78] sacerdotes judíos ortodoxos reconocieron que las monedas del reino llevaban imágenes de reyes y otros símbolos paganos, junto con inscripciones que indicaban que eran dioses. Los sacerdotes determinaron que las monedas no eran apropiadas para el pago del impuesto del templo[79] y comenzaron a acuñar monedas con imágenes e inscripciones que se ajustaban a la ley judía.

La razón por la que esto fue una afrenta para ellos y corrieron un riesgo tan grande come para desafiar el derecho exclusivo de Roma a acuñar monedas quedará clara en el capítulo nueve. Por ahora, solo observe que la mayoría de sus nuevas monedas llevaban la imagen de una cornucopia doble con una granada enclavada en el medio.[80]

Estas imágenes significaban *abundancia* para el pueblo judío. Otras monedas llevaban una imagen de una cornucopia atada a una

---

[77] https://www.jewishhistory.org/the-hasmoneans
[78] https://www.jewishvirtuallibrary.org/the-second-temple
[79] 2 Macabeos 2:2
[80] *David Hendin's* Guide to Biblical Coins, 455

cinta con hojas de vid y una corona.[81] Algunos llevaban la imagen de una menorá para conmemorar Janucá y la restauración del templo. El reverso de las monedas llevaba una inscripción escrita a propósito en hebreo antiguo en lugar de en griego. A menudo identificaban al sumo sacerdote actual; sin embargo, obviamente no afirmaron que era un dios.

Al hacerlo, estos sumos sacerdotes reclamaron la jurisdicción sobre su contrato social monetario y económico local. Los resultados fueron los esperados. Durante mil años, Satanás había establecido cuidadosamente un sistema en el que los gobiernos nacionales reclamaban el derecho exclusivo y, en algunos casos, la "autoridad divina" para acuñar las monedas del reino. Esto le proporcionó un medio para robar, matar y destruir el fruto del trabajo del pueblo de Dios a gran escala. Esta nueva amenaza a su sistema no pasaría sin desafío.

Los eruditos judíos reconocen que la dinastía asmonea estuvo marcada por una agitación y un conflicto inusuales. La falta de continuidad en el liderazgo dejó al pueblo judío incierto y confundido. Los conflictos con los enemigos externos y los largos períodos de disturbios civiles eran una realidad constante. Finalmente, el gobierno romano se cansó de los disturbios. En el año 37 a.C., Herodes el Grande puso fin a la independencia judía y a su sistema monetario alternativo. César luego reemplazó las monedas acuñadas por los sacerdotes judíos por otras que en su lugar llevaban su imagen.

Un intento similar de reclamar la jurisdicción sobre la acuñación judía ocurrió durante la Guerra Judía de 66-70 d.C. Las autoridades judías querían demostrar su soberanía sobre el dominio romano. Por lo tanto, acuñaron siclos "gruesos", así como medio cuarto de shekels. Estas fueron las primeras monedas de plata que los judíos acuñaron en la antigüedad. Una vez más, las monedas fueron prohibidas y reemplazadas por monedas romanas después de que terminó la guerra.[82]

---

[81] *David Hendin's* *Guide to Biblical Coins*, **481**
[82] https://www.jewishvirtuallibrary.org/coins-and-currency

Comprender estos eventos en la historia monetaria es importante porque las acciones de los sumos sacerdotes judíos demuestran su comprensión del principio del localismo en relación con la economía y el dinero. La reacción constante de las autoridades centrales no debería disuadirnos de afirmar este principio hoy en día. Lamentablemente, cuando hablo hoy en día de las monedas locales, a menudo escucho: "El gobierno nunca permitirá que algo así existiera hoy en día. Estás perdiendo el tiempo incluso sugiriendo que consideremos tal cosa".

En primer lugar, eso no es cierto. Hoy en día, en todo el mundo se utilizan cientos de monedas locales. En segundo lugar, y lo que es más importante, ese tipo de temores sin sentido no tienen lugar en la ekklesia o el Reino de Dios. O bien elegimos defender y vivir según los principios y los caminos de Dios, o no lo hacemos.

Además, hoy tenemos ventajas que los sacerdotes judíos durante la dinastía asmonea no tenían. En primer lugar, y sobre todo, está la derrota de Satanás a manos de Jesús. Ahora tenemos autoridad en el ámbito espiritual de la que ellos no gozaban. El segundo es el registro de la vida y las enseñanzas de Jesús. Tan bien intencionados como eran los sacerdotes judíos, la razón principal para crear sus monedas era reemplazar las que se usaban para recaudar el impuesto del templo. No tenían la intención de que sus monedas para generar recursos para asegurar y proteger el bienestar y la identidad de los pobres, huérfanos y viudas, y para construir el Reino de Dios.

Desafortunadamente, hoy en día una cosmovisión secular ha capturado a demasiados lideres de la iglesia. La ekklesia tiene poca comprensión de sus responsabilidades en el diseño e implementación de sistemas económicos y monetarios. Por lo tanto, sus rebaños también no entienden la importancia del principio del localismo y el valor de invertir en sus comunidades locales. En cambio, sus portafolios de inversión consisten en bonos gubernamentales y corporativos, y en acciones de corporaciones multinacionales, las cuales buscan controlarlos y robarles su riqueza.

La buena noticia es que está empezando a producirse un cambio.

El Espíritu Santo está atrayendo a la ekklesia de vuelta a pasajes como Isaías 58:1-12, que proporciona un contexto importante de por qué establecer el principio del localismo es fundamental para el avance del Reino de Dios en la tierra.

> [1]Clama a voz en cuello, no te detengas; alza tu voz como trompeta, declara a mi pueblo su transgresión y a la casa de Jacob sus pecados.. [2]Con todo me buscan día tras día y se deleitan en conocer mis caminos, como nación que hubiera hecho justicia, y no hubiera abandonado la ley de su Dios. Me piden juicios justos, se deleitan en la cercanía de Dios. [3]Dicen: «¿Por qué hemos ayunado, y tú no lo ves? ¿Por qué nos hemos humillado, y tú no haces caso?». He aquí, en el día de vuestro ayuno buscáis vuestra conveniencia y oprimís a todos vuestros trabajadores. [4]He aquí, ayunáis para contiendas y riñas, y para herir con un puño malvado. No ayunéis como hoy, para que se oiga en lo alto vuestra voz. [5]¿Es ese el ayuno que yo escogí para que un día se humille el hombre? ¿Es acaso para que incline su cabeza como un junco, y para que se acueste en cilicio y ceniza? ¿Llamaréis a esto ayuno y día acepto al Señor? [6]¿No es este el ayuno que yo escogí: desatar las ligaduras de impiedad, soltar las coyundas del yugo, dejar ir libres a los oprimidos, y romper todo yugo? [7]¿No es para que partas tu pan con el hambriento, y recibas en casa a los pobres sin hogar; para que cuando veas al desnudo lo cubras, y no te escondas de tu semejante? [8]Entonces tu luz despuntará como la aurora, y tu recuperación brotará con rapidez; delante de ti irá tu justicia; y la gloria del Señor será tu retaguardia. [9]Entonces invocarás, y el Señor responderá; clamarás, y Él dirá: «Heme aquí». Si quitas de en medio de ti el yugo, el amenazar con el dedo y el hablar iniquidad, [10]y si te ofreces al hambriento, y sacias el deseo del afligido, entonces surgirá tu luz en las tinieblas, y tu oscuridad será como el mediodía. [11]Y el Señor te guiará continuamente, saciará tu deseo en los lugares áridos y dará vigor a tus huesos; serás como huerto regado y como

manantial cuyas aguas nunca faltan. [12]Y los tuyos reedificarán las ruinas antiguas; levantarás los cimientos de generaciones pasadas, y te llamarán reparador de brechas, restaurador de calles donde habitar."

En este pasaje, Dios llama a Israel de una manera bastante interesante. Reconoce que ayunan y buscan acercarse a él. Sin embargo, en el versículo 3, Isaías escribe: "¿Por qué hemos ayunado y tú no ves? ¿Por qué nos hemos humillado y no te das cuenta?" Luego describe un ayuno impulsado por el espíritu de la competencia, produciendo contención y lucha. ¡Por eso que Dios no responde a su ayuno!

Luego, en los versículos 5-7, Dios describe el tipo de ayuno que busca. Uno de humildad y arrepentimiento. Uno que libera a los oprimidos. Uno que alimenta a los hambrientos, viste a los desnudos y lleva a las personas sin hogar a la casa de Dios. ¡Por esto Dios no responde!

Los versículos 8 al 12 describen el proceso de restauración para aquellas comunidades devastadas por un tipo de ayuno que surge de la competencia y el conflicto, pero que se arrepienten y se vuelven a Dios. Un nuevo tipo de ayuno entonces prioriza asegurar y proteger la identidad de los pobres, oprimidos, sin hogar, desnudos y huérfanos. Dios los escuchará ahora, sana su tierra y quita a los opresores de entre ellos. La luz inundará la oscuridad y el agua se derramará en lugares chamuscados.

Qué imagen tan asombrosa de la fidelidad de Dios y el poder de la ekklesia local mientras toma su lugar como "reparador de la brecha, el restaurador de las calles en las que habitar". Esta es la promesa de Dios para los ciudadanos de las comunidades que se vuelven a Él y abrazan Sus caminos. Está tan disponible para ustedes y su comunidad hoy como lo estaba para aquellos a quienes Isaías les habló hace miles de años.

Alimentación y Soberanía Local

Los reyes de la tierra y su "Gran Reset" están exponiendo la podredumbre de los caminos del hombre. Mientras continúan impulsando su agenda, las comunidades deben tomar medidas para proteger su soberanía económica y así prosperar. Un paso fundamental es garantizar una fuente de alimentos sostenible y fiable. Desafortunadamente, en los últimos cuarenta años, las cadenas de suministro para la fabricación y distribución de bienes de todo tipo se han extendido por todo el mundo.

Puede que esto no sea un problema para teléfonos celulares y automóviles. Una interrupción importante en el suministro puede crear un inconveniente significativo, pero no amenaza la supervivencia misma de la humanidad. Sin embargo, la interrupción prolongada de los suministros de energía, agua y productos alimenticios sí lo hace. Desafortunadamente, hasta hace poco, los líderes del gobierno central no se han interesado en una discusión pública sobre cómo arreglar la cadena global rota de suministro de alimentos. Prefieren "soluciones" que sigan empoderando a las grandes corporaciones multinacionales, sus accionistas y al sistema financiero que creó el sistema fallido en primer lugar.

Hay mucho más en juego de lo que la mayoría de la gente quiere admitir. Henry Kissinger dijo en voz alta esta frase hace más de cincuenta años. "El que controla la comida controla a la gente". Al momento de escribir esta edición actualizada en 2025, la amenaza al sistema económico y monetario global establecido y los planes para un "Gran Reset" están bajo amenaza real por primera vez. Sería un grave error subestimar hasta dónde llegarán los reyes de la tierra para proteger lo que han construido durante el último siglo. Y, si Kissinger está en lo cierto (y la historia dice que lo está), la ekklesia y los líderes locales deben tomar medidas ahora para proteger la soberanía económica local y la salud y el bienestar de sus ciudadanos restableciendo una cadena de suministro de alimentos locales segura.

Los beneficios de hacerlo van mucho más allá de la capacidad crítica obvia para alimentar a una comunidad. Los alimentos pueden formar la base de una moneda local. Aunque a muchos de los que lean esto les pueda parecer extraño, hacerlo no es nuevo. Puede resolver algunos de los problemas creados por las monedas respaldadas por sus recursos naturales como el carbón, el oro y la plata, que son finitos, de disponibilidad limitada y muy difíciles de acceder, distribuir y almacenar. Mientras tanto, una moneda respaldada por alimentos se puede gestionar para que se alinee con el crecimiento de la población y el crecimiento económico, creando una base de valor estable.

Si bien una moneda local respaldada por alimentos puede no ser la única opción, parece lógico que en la economía de Dios un recurso flexible, sostenible y abundante que permita a los humanos prosperar físicamente también pueda respaldar una moneda que permita a las personas de las comunidades locales prosperar emocional y espiritualmente. Independientemente de cómo se diseñen y se implementen, las monedas locales pueden desempeñar un papel integral en un nuevo ecosistema de gestión de valores creado para proporcionar los recursos para el Reino de Dios.

Un Enfoque de Dos Consejos para la Transformación de la Comunidad

Estoy seguro de que algunos de ustedes se están preguntando: "¿Cómo pueden estas ideas y conceptos radicales ser llevados a una comunidad local para su consideración, y mucho menos aceptados y adoptados?" He tenido bendición de servir como miembro del equipo ejecutivo del Statesmen Project/Rebuilders Network desde 2014. Durante varios años codirigí el Grupo de Políticas Públicas, donde ayudamos a los líderes del gobierno civil a desarrollar políticas públicas basadas en principios. Dado que Dios me ha llamado a centrarme en las comunidades locales, desde 2021 hasta 2024 formé parte del equipo del Consejo de Acción Comunitaria. Más recientemente, se me ha pedido que lidere el desarrollo de la Coalición para la Resiliencia Comunitaria de la Red de Reconstructores.

Ser parte de estos equipos de liderazgo ha sido fundamental para dar forma a la estructura organizativa y las estrategias para lograr una transformación económica generacional en las comunidades locales. Hemos descubierto que la oración suele ser subestimada en muchos proyectos de transformación comunitaria. Por lo tanto, en Regeneco (la organización sin ánimo de lucro que fundé), recomendamos un enfoque de "dos consejos" para la transformación económica sostenible.

El primero es lo que llamamos el Consejo de Oración Ekklesia. La transformación de la comunidad solo será sostenible a largo plazo si Dios ordena las prioridades, proyectos, planes y procesos para llevarla a cabo. La responsabilidad del Consejo de Oración Ekklesia es discernir estas áreas participando directamente en el ámbito espiritual. El segundo es lo que llamamos un Consejo de Acción Comunitaria. Este es un grupo de lideres locales de la iglesia, el gobierno civil y las empresas. Recibirán orientación del Consejo de Oración Ekklesia al formular programas, desarrollará relaciones, enseñará a los ciudadanos y desarrollará políticas públicas que conducirán a la adopción de un nuevo sistema local de creación y gestión de valor.

Ampliaré la información sobre estos dos consejos en el último capítulo de este libro. Por ahora, basta con saber que Dios ha preparado personas en cada comunidad para servir en estos consejos. Al principio, puede que no sea evidente quiénes son estas personas. Su primer objetivo es pedirle al Señor que las revele. Luego, oren, observen y acérquense a ellas de manera apropiada a medida que Él las guíe hacia el servicio activo.

La paciencia es clave en este case. Mientras el equipo se ensambla, Dios revelará Su estrategia sobre cómo proceder. A medida que estos líderes demuestran un poder basado en el servicio, el puente de confianza entre ellos y los ciudadanos de la comunidad se fortalecerá. La transformación que Dios anhela comenzará a impactar vidas de manera tangible. La Gran Restauración de Dios ganará impulso y pronto se convertirá en una fuerza imparable para el bien.

Resumen

Las comunidades de todo el mundo varían significativamente en tamaño y complejidad. Se deben considerar muchas variables, incluida la población, la historia, la diversidad de la cultura, la infraestructura, el tipo de gobierno local e incluso el acceso al suministro local de alimentos. Cada uno influirá en la estrategia única de una comunidad para la implementación de un nuevo sistema de creación y gestión de valor.

Con los años, se formarán redes de comunidades que adopten esta nueva forma de vida. Primero a nivel regional. Luego a nivel nacional. A medida que crezca, la red general se volverá más resistente y sostenible. Eventualmente, si Dios lo permite, con el tiempo abarcará toda la tierra. Un componente crítico de esta red serán los parqués protegidos donde se intercambiarán los recursos que Dios provee, permitiendo que las personas, sus familias y comunidades prosperen a medida que la Gran Restauración de Dios se extienda por todo el mundo.

104

Capítulo 8

Parqué Activado

"porque cambiaron la verdad de Dios por la mentira, y
adoraron y sirvieron a la criatura en lugar del Creador, quien es
bendito por los siglos. Amén."
Romanos 1:25

El término "parqué" puede significar cosas diferentes para diferentes personas. En nuestro sistema económico actual, es un lugar físico donde se negocian valores y materias primas. En el reino espiritual, es lugar donde puedes intercambiar maldiciones, iniquidades de línea de sangre y asignaciones demoníacas por bendición y destino.[83] Ambas definiciones son correctas en su contexto especifico. Sin embargo, combinades son lamentablemente inadecuadas para describir la importancia de los parqués en la construcción de Reino.

En la historia de fondo, amplié deliberadamente la definición de parqués para incluir todas las formas de intercambio, ya sea físico, emocional o espiritual:

Los parqués son lugares creados cuando dos o más seres humanos se unen e intercambian valor. El intercambio puede involucrar bienes, servicios, dinero o intercambios no tangibles que afectan el bienestar emocional, físico y espiritual de una persona.

Es importante entender que estos parqués dirigen *toda actividad económica humana*. Esto es cierto sea que un sistema económico está diseñado de acuerdo con los principios básicos del mundo o de acuerdo con los principios de Cristo. Esto significa que todos los seres humanos abren parqués todos los días de sus vidas. Como la ekklesia, es vital

---

[83] Beverly Watkins y Robert Henderson, *The Trading Floors of Heaven*

que tengamos al menos una comprensión básica de cómo opera esta realidad fundamental en el mundo real.

Comenzaremos reconociendo que la guerra económica por los reinos se libra en dos frentes de batalla. El primero está el ámbito intangible, espiritual y emocional, que es donde se define la identidad humana. El segundo es el ámbito tangible y físico, que incluye la mayordomía de los recursos naturales y humanos de la tierra. Ambos son cultivados (servidos) y cuidados (protegidos) para que puedan producir activos para el Reino de Dios o son robados y utilizados por los reyes de la tierra para avanzar la agenda de Satanás.

Hoy en día, los principios del mundo dominan los sistemas económicos. Eso debería impulsar a cada seguidor de Jesús a hacer mi pregunta favorita: ¿Por qué? La respuesta comienza a aparecer cuando examinamos lo que dicen las Escritures sobre las habilidades, motivaciones y resultados deseados de quien diseñó y creó los parqués que produjeron los sistemas actuales. El capítulo dos de *Vine a Dar* trata este en detalle. El siguiente extracto ampliado establecerá un contexto importante.

"Los eruditos generalmente están de acuerdo en que, si bien hubo un verdadero "rey de Tiro", Ezequiel 27 y 28 también revelan los eventos alrededor de la caída de Satanás del cielo. También brindan una visión crítica de *quién es y cómo opera*. Aprendemos que, en el cielo, adquirió un conjunto específico de habilidades debido a su posición como miembro del consejo celestial de Dios. Para comprender mejor por qué esto es importante, es útil comenzar en el capítulo veintiocho.

> "Tú eres el querubín ungido que cubre; Yo te establecí;
> Estabas en el santo monte de Dios; Caminabas de un lado a
> otro en medio de piedras ardientes. Perfecto eras en todos tus
> caminos desde el día en que fuiste creado,"
> Ezequiel 28:14-15a (NKJV)

Como un querubín ungido en el monte santo, Satanás estaba constantemente cerca de Dios. Pudo estudiar cómo Dios dirigió la gerencia del reino celestial. Con esto en mente, vayamos al Ezequiel

27.

> "Ahora, hijo de hombre, lamentaos por Tiro, y decid a Tiro, la
> que habita en la desembocadura del mar, mercader de pueblos
> en muchas costas: 'Así dice el Señor Dios:'"
> Ezequiel 27:2-3a (NKJV)

> "todas las naves del mar y sus marineros estaban contigo para
> negociar con tus productos."
> Ezequiel 27:9b

Estos pasajes indican que Satanás supervisó alguna forma de actividad comercial. Le animo a que se detenga ahora y lean el resto del capítulo veintisiete. Pinta un cuadro de una nación consumida por la adquisición de una amplia variedad de mercancías mediante el control de las rutas comerciales y reclutando a otros para ayudarla a aumentar su riqueza y la de muchas familias, ciudades y naciones.[84] El rey de Tiro se ganó el favor de "los reyes de la tierra" al diseñar sistemas comerciales que los harían ricos a todos.

El establecimiento de estas relaciones puede haberse considerado una actividad comercial normal en las naciones gentiles de la época. Sin embargo, en el Reino de Dios, los intercambios se realizan bajo Su ley y para Sus propósitos. A la parte de la oferta en el intercambio se le debe dar *autoridad delegada*[85] para comerciar el artículo en nombre del propietario. Además, la parte receptora debe entrar libremente en el intercambio *y* poseer la capacidad moral para administrar el artículo que se le transfiere.[86]

Satanás eligió hacer algo diferente."

Y eso nos lleva a un principio que está firmemente establecido en las Escrituras: el poder de elección. Entiendo por qué Dios le dio a los humanos este poder. Él nos creó para amar y ser amados. Sin elección, el amor sería una emoción fabricada y forzada a las personas para

---

[84] Ezequiel 27:12-32
[85] Mateo 25:14-30
[86] Mateo 25:14-30.

satisfacer las necesidades de un ser supremo inseguro y narcisista. Eso es lo opuesto a quien es Dios. Aun así, me asombra que Dios haya dado a los seres creados esta enorme responsabilidad, sabiendo que en algún momento uno de Su amada familia tomaría la decisión equivocada. Y efectivamente, cuando Satanás decidió participar en el comercio *ilegal,* cambió el curso de la historia para siempre.

> "Y vino a mí la palabra del Señor, diciendo: Hijo de hombre, di al príncipe de Tiro: «Así dice el Señor Dios: "Aun cuando tu corazón se ha enaltecido y has dicho: 'Un dios soy, sentado estoy en el trono de los dioses, en el corazón de los mares', no eres más que un hombre y no Dios, aunque hayas igualado tu corazón al corazón de Dios. He aquí, tú eres más sabio que Daniel; ningún secreto te es oculto. Con tu sabiduría y tu entendimiento has adquirido riquezas para ti, y has adquirido oro y plata para tus tesoros. *Con tu gran sabiduría, con tu comercio, has aumentado tus riquezas, y se ha enaltecido tu corazón a causa de tus riquezas.*"
> Ezequiel 28:1-5 (énfasis mío)

Ezequiel 27 y 28 revelan que el comercio ilegal fue el vehículo a través del cual se desató el poder destructivo del orgullo de Satanás.

> "Tú eres el querubín ungido que cubre; Yo te establecí; Estabas en el santo monte de Dios; Caminabas de un lado a otro en medio de piedras ardientes. Perfecto eras en todos tus caminos desde el día en que fuiste creado, hasta que se halló en ti maldad. *Por la abundancia de tu comercio te ser llenaste de violencia por dentro*, y pecaste; por tanto, te arrojé como profano del monte de Dios;"
> Ezequiel 28:14-16a (NKJV) (énfasis mío)

Dios no le dio a Satanás la autoridad para participar en el comercio con el fin de obtener ganancias materiales personales o mejorar su posición social. Sin embargo, eso es lo que hizo. En ese momento, Satanás se convirtió en el ladrón de Juan 10:10. Como resultado, Dios lo arrojó del cielo. [Hoy Satanás usa los espíritus de control y competencia] haciendo que caigamos en miedo y una mentalidad de escasez, lo que le ayuda a lograr una serie de metas muy ambiciosas.

> "Porque has dicho en tu corazón: 'Subiré al cielo. Ensalzaré mi trono sobre las estrellas de Dios. También me sentaré en el monte de la Congregación en los lados más lejanos del norte. Subiré por encima de las alturas de las nubes. Seré como el Altísimo.'"
> Isaías 14:13-14 (NKVJ)

La declaración de Satanás expone su motivación y sus objetivos finales. Para comprenderlos, debemos hacer una pausa y examinar algunas palabras clave. La palabra hebrea para "corazón" en el versículo 13 es *"lebab"*. Significa la parte interior, resolución, determinación de la voluntad, como asiento de emociones y pasiones. La palabra hebrea para "ser como" es *"damah"*. Significa *convertirse en la imagen de otra cosa.*

Estas palabras revelan que Satanás tiene una pasión por cumplir sus declaraciones de "Seré" en lo más profundo de su ser hasta el día de hoy. Indican claramente que su propósito es desplazar:

- La *posición* de Dios al ascender al cielo y establecer su trono, donde planea usurpar...

- La *persona* de Dios y el mando de una asamblea para lograr...

- El *propósito* de Dios - construir el reino dominante en la tierra.

Ezequiel 27 y 28, cuando combinados con Isaías 14, crean un perfil de alguien cuya estrategia es lograr sus objetivos utilizando *el poder de la elección humana y el arte del comercio* para separar a los seres humanos de su identidad como portadores de la imagen de Dios. Cuando tiene éxito, los convierte en "huérfanos" espirituales que son más propensas a aceptar su imagen alternativa. *Si eligen portar esta imagen falsa, se convertirán en Imagers de Satanás. A partir de ese momento, le ayudan a lograr su objetivo de "ser como el Altísimo."*

Cuando Satanás creó su imagen como un competidor de la de Dios, fue un evento de proporciones épicas que cambió el mundo. La imagen que portamos determina el reino que construimos. Por lo tanto, nuestra imagen es *el premio* en el juego de todos los juegos: construir el reino dominante en la tierra.

No tienes más remedio que participar. Elige portar la imagen de Dios y tendrás acceso a *Su* revelación sobre cómo aplicar *Sus* principios para construir *Su* Reino. Elige portar la imagen del ladrón, y construirás un reino sobre principios basados en la filosofía de las vanas sutilezas. Ciertamente *no* será el Reino de Dios."

(fin del extracto)

En los últimos varios años, he tenido muchas conversaciones con seguidores de Jesús acerca de Ezequiel 27 y 28 en el contexto de la realidad económica. Pocos habían establecido la conexión entre las habilidades de Satanás y los sistemas económicos actuales, a pesar de que esta conexión es evidente en la forma en que Satanás provocó la Caída en el Huerto del Edén.

Tras ser expulsado del cielo, lo primero que hizo Satanás fue crear un parqué donde aprovechó el espíritu de control para manipular a Eva. En este parqué, ella eligió intercambiar la verdad— que portaba la imagen incorruptible de Dios — por la mentira de que la imagen del impostor le permitiría "ser como Dios". Pablo entendió las consecuencias de este intercambio y nos advirtió de la presencia de estos parqués.

> "Profesando ser sabios, se volvieron necios, y cambiaron la gloria del Dios incorruptible por una imagen en forma de hombre corruptible, de aves, de cuadrúpedos y de reptiles. Por consiguiente, Dios los entregó a la impureza en la lujuria de sus corazones, de modo que deshonraron entre sí sus propios cuerpos; porque cambiaron la verdad de Dios por la mentira, y adoraron y sirvieron a la criatura en lugar del Creador, quien es

bendito por los siglos. Amén."
Romanos 1:22-25

Satanás no desea nada más que atraer a cada ser humano a este parqué. Luego, mediante el engaño, la manipulación o el mal uso del libre albedrío, busca destruir su bienestar emocional, físico y espiritual, y separarlos de su identidad como portadores de la imagen de Dios. Estos huérfanos espirituales son vulnerables a la mentira de que la imagen corrupta de Satanás les traerá prosperidad o poder, o que sanará su dolor.

Este es el parqué más importante en el esquema de Satanás de "ser como el Altísimo".

Sin embargo, los seguidores de Jesús no han logrado reconocer esto como una estrategia clave en tiempos de guerra. Como señaló Sun Tzu en *The Art of War* [*El arte de la guerra*],

"Si conoces al enemigo y te conoces a ti mismo, no tienes por qué temer el resultado de cien batallas. Si te conoces a ti mismo, pero no al enemigo, por cada victoria que obtengas, también sufrirás una derrota. Si no conoces ni al enemigo ni a ti mismo, sucumbirás en cada batalla."

En cuanto a la economía, la ekklesia ni se conoce a sí misma ni al enemigo. Por eso, durante siglos hemos sucumbido a todas las batallas económicas, lo que nos ha llevado a la situación actual, en la que la iglesia en gran medida ha adoptado las formas económicas del hombre y participa en el comercio realizado en los parqués ilícitos de Satanás. Esto ha convertido a los seguidores de Jesús en cómplices de la devastación de la Creación mediante una mayordomía indebida, con tal de que el PIB siga creciendo y nuestras casas se llenen de cosas.

El botín obtenido a través del "robo de identidad" y la adopción de las prácticas económicas humanas determinan la base de recursos de la que dispone Satanás para construir su reino en competencia. Una vez que tiene un ejército de participantes dispuestos, los mueve a nuevos parqués donde se muerden y devoran unos a otros en el mercado. Aprovechan estos parqués para crear una vida de comodidad y facilidad mientras ignoran la difícil situación de los pobres, huérfanos y viudas. Malgastan los recursos de la tierra, saquean el suelo y socavan la capacidad de la Creación para producir en abundancia los recursos necesarios para construir el Reino de Dios.

Esta, amigo mío, es el camino del hombre. Afortunadamente, Dios tiene algo muy diferente en mente.

Conozca sus Parqués

Nuestro Padre celestial nos ama con un amor que no podemos comprender. Si usted es un padre o es responsable del cuidado y la educación de un ser querido, usted entiende que con este amor viene la responsabilidad. En nuestro mundo caído, debemos crear barandillas dentro de las cuales nuestros hijos puedan explorar el mundo de manera segura. Este es un ejemplo real de la importancia del principio de límites.

En el capítulo seis, destaqué la importancia de incluir los principios de cooperación, mayordomía, abundancia, identidad y sostenibilidad en una cosmovisión económica bíblica integral. Estos principios son las barandillas que Dios destinó para proteger las transacciones hechas en los parqués diseñados para construir Su Reino. Cuando están presentes, producen un resultado muy diferente al que producen los sistemas del mundo hoy en día.

Ver el contraste entre los parqués del hombre y los de Dios es fundamental si la ekklesia va a purgar las tradiciones de los hombres de sus prácticas. Un buen lugar para comenzar es reconociendo que los parqués diseñados de acuerdo con los principios del hombre generalmente reducen las interacciones humanas a una serie de transacciones carentes de relaciones significativas. Esto es exactamente lo que debemos esperar de los reyes de la tierra. Su prioridad es crear un sistema que eleve la toma de posesión de las cosas en lugar de administrar los recursos para el beneficio de los demás y el Reino de Dios.

La economía de Dios es muy diferente. Los intercambios en sistemas diseñados según Sus caminos siempre incorporarán el principio de reciprocidad para asegurar que ambas partes disfruten en un aumento en su bienestar emocional, físico y espiritual. Esto requiere los parqués diseñados por la ekklesia para dar cuenta y facilitar una transacción espiritual, no monetaria, que acompañe los intercambios simples que involucran dinero por bienes y servicios.

Para ello, debemos entender que los parqués se abren y se cierran constantemente a medida que nos movemos a lo largo nuestro día. Un ejemplo simple es cuando interactuamos con otras personas. La mayoría de las personas no se dan cuenta, pero la interacción humana casi siempre abre un parqué que impacta la identidad de los involucrados. Considera, por ejemplo, cómo reacciona emocional, física y espiritualmente cuando almuerzas con un amigo y se toman el tiempo para animarte. O cuando un conductor te en tu camino hacia ese almuerzo sin ninguna razón legítima, toca la bocina y te da un gesto crudo con la mano.

Ambas interacciones crearon un parqué. Ningún dinero cambió de manos. Sin embargo, en cada caso, la identidad estaba asegurada y protegida o expuesta al peligro. En este último caso, a llevaron a un parqué *sin tu permiso*. En él, el conductor te acusó injustamente de irregularidades. Ya sea que haya sido o no inspirada por demonios, la cultura produjo un conductor que no tiene problemas en robar parte de tu bienestar emocional, lo que puede socavar lenta y sutilmente tu identidad como portador de la imagen de Dios.

El capítulo tres de *Vine a Dar* ofrece una visión general de cómo comenzó este tipo de robo. Abel no albergaba mala voluntad hacia su hermano Caín. Sin embargo, por sus acciones, Caín atrajo a Abel sin permiso a una *competencia* que hoy reconocemos como rivalidad entre hermanos. Comenzó cuando Satanás separó a Caín de su identidad como el Imager de Dios. Terminó cuando Caín llevó a Abel a otro parqué, donde tomó el *control* final de la vida de Abel.

Esto puede parecer un ejemplo extremo, pero revela varias verdades económicas profundas. En primer lugar, Satanás no posee ni un solo activo que le ayude a construir su reino rival. Por lo tanto, debe diseñar parqués que engañen a los humanos para que intercambien la verdad de haber sido creados a imagen de Dios por la mentira de llevar la imagen de un impostor. Robar los bienes humanos de Dios es la única forma en que Satanás puede adquirirlos y utilizarlos en sus sistemas económicos y construir su reino.

Comprender esto nos permite diseñar parqués que combinen el intercambio de valor natural *y* espiritual en cada transacción. Esto proporciona un medio de protección contra los planes del enemigo para socavar nuestra identidad, al tiempo que creamos un valor adicional para el Reino de Dios. Permítanme darles un ejemplo de cómo funciona esto.

Como resultado de los confinamientos de COVID 19, millones de personas en los Estados Unidos comenzaron a recibir dinero del desempleo del gobierno. Cuando terminaron los confinamientos en 2020, a las empresas les resultó difícil encontrar personas dispuestas a trabajar porque los pagos del gobierno seguían llegando. Esto significaba que aquellos que elegían trabajar a menudo se enfrentaban a turnos largos y personal corto.

El estrés y la fatiga que soportaron significaban que los errores eran más comunes, y las filas de pago eran largas. Lamentablemente, la mayoría de las personas no eran muy comprensivas. Fui testigo de más de un parqué abierto por un cliente a donde arrastraron al empleado y agotaron su bienestar emocional con palabras duras y desprecio. Estaba realmente triste viéndolo suceder.

Esto me lleva al parqué final al que quiero llamar tu atención: la vida de tus pensamientos. Este parqué está siempre abierto y es extremadamente poderoso. El enemigo lo sabe y con regularidad intenta entrar a la fuerza. Afortunadamente, Dios nos da orientación sobre cómo enfrentar sus intrusiones.

"Pues aunque andamos en la carne, no luchamos según la
carne; porque las armas de nuestra contienda no son carnales,
sino poderosas en Dios para la destrucción de fortalezas;
destruyendo especulaciones[a] y todo razonamiento altivo[b]

> que se levanta contra el conocimiento de Dios, y *poniendo*
> *todo pensamiento en cautiverio a la obediencia de Cristo,"*
> 2 Corintios 10:3-5 (énfasis mío)

Dios sabe que el método de operación de Satanás es socavar tu bienestar emocional, físico y/o espiritual a través de pensamientos y mentiras autodestructivas. Debemos elegir momento a momento permanecer en Jesús, tomar cautivos esos pensamientos y expulsarlos de nuestro parqué interno. Esta es una poderosa arma que tenemos a nuestra disposición para asegurar nuestra identidad como portadore de la imagen de Dios.

Hay muchos otros ejemplos de parqués que podría incluir en este libro. Nuestra responsabilidad es ser conscientes de ellos y darnos cuenta de que crear e intercambiar valor sobre ellos no es un asunto trivial. Cuando la iglesia comience a comprender el poder de combinar intencionalmente lo espiritual y lo natural en nuestros parqués, será un cambio de juego para el Reino de Dios. Podemos comenzar por comprender los conceptos básicos.

- Los principios que guían el diseño de cada parqué influirán en gran medida en si los intercambios realizados en él son legal o ilegal.

- En la mayoría de los casos, tenemos la opción de elegir en qué parqués pisar o crear, y nuestras elecciones afectan directamente al reino construido a partir de los frutos del intercambio.

La gestión de nuestros parqués no siempre es fácil. Algunos son obvios. Otros no lo son. Algunos los podemos dejar, pero otros, como los sistemas económicos y monetarios existentes, los tenemos que aceptar por ahora. Sin embargo, siempre que sea posible, debemos ser conscientes de que en cada uno de ellos podemos asumir un papel más activo en la definición de los términos del intercambio.

Por ejemplo, en los parqués mercados, siempre que sea posible, debemos asegurarse de que los recursos monetarios utilizados en el intercambio permanezcan en manos de otros constructores del Reino. Esto puede requerir gastar un poco más, patrocinar un negocio diferente o incluso renunciar a una compra. Ese "sacrificio" comienza a aislar a las empresas y a las personas que están alineadas con el reino de las tinieblas y les impide adquirir recursos destinados al Reino de Dios.

Los seguidores de Jesús deben hacer estos ajustes ahora, a medida que el "Gran Reset" del hombre y la Gran Restauración de Dios comienzan a chocar en el campo de batalla económico. Para algunos, esto puede parecer radical. Lo es. Sin embargo, según las Escrituras, radical significa que estamos en el camino correcto.

Parqués y Monedas

Debido a mi investigación de una década sobre monedas alternativas, durante varios años fui conocido en la Rebuilders Network [la Red de Reconstructores] como "el tipo de la moneda local". Las monedas complementarias son un medio para empoderar a las personas para que se liberen de los espíritus de control y competencia al asumir la jurisdicción sobre el flujo de valor a través de sus comunidades locales. Muchos tipos de monedas de pueden lograr ese objetivo.

La razón es sencilla: las monedas son un medio de intercambio. Los sistemas monetarios facilitan el "flujo" de monedas en los parqués. Queremos que nuestros parqués permitan que las "monedas" que se utilizan en ellos faciliten la creación y el flujo de valor a través de nuestra comunidad de una manera que haga avanzar el Reino de Dios. Esto da lugar a algunas ideas que invitan a la reflexión. En su libro, *After Capitalism: Rethinking Economic Relationships [Después del Capitalismo: Repensando las Relaciones Económicas]*, Michael Schluter hace la siguiente observación.

"[Pasar de la ganancia a la relación como una motivación económica] debe reflejarse, en primer lugar, en cómo las personas usan su tiempo, ya que el tiempo para muchas personas es su recurso más escaso: podría decirse que también es la 'moneda' más importante de las relaciones. Así que la cuestión es esta: ¿cómo puede la sociedad demostrar a los forasteros, y a sí misma, que su mayor prioridad es la calidad de las relaciones en el uso del tiempo?"

En la economía de Dios, el tiempo es una moneda. La gente con frecuencia habla de "gastar" e "invertir" su tiempo sabiamente. El amor también es una moneda. La gente habla de "amar generosamente" e incluso de "retener el amor". Cuando vemos el tiempo y el amor como monedas, podemos optar por diseñar parqués que los pongan en circulación en una economía.

Esta afirmación puede parecer un poco "fuera de órbita", pero ten paciencia conmigo. Recordemos que, del capítulo cuatro, podemos hacer micro depósitos de bienestar emocional, físico y espiritual en la vida de las personas. *¿En qué "monedas" se hacen estos depósitos?* Un poco *tiempo* y una dosis de *amor*. Si bien es difícil medir directamente el retorno de la inversión de estos depósitos utilizando métricas numéricas, su impacto en una comunidad es enorme.

Después del confinamiento, me propuse crear parqués y gastar mi tiempo y mi amor en hacer micro depósitos de bienestar en las cuentas de los empleados estresados. Cuando fue mi turno de salir después de estar en una larga fila o recibir mi cheque de una mesera con exceso de trabajo, simplemente me propuse agradecerles por estar allí. Les dije que apreciaba su elección de presentarse a trabajar y reconocí que puede que no haya sido fácil.

La respuesta que recibí a menudo no fue la que esperaba. Las caras estresadas estallaron en sonrisas genuinas. A algunos incluso se les salieron las lágrimas, lo que, por supuesto, hizo que a mí se me salieran también. La vida es difícil para muchas personas hoy en día. Tienen muy pocas personas que hacen depósitos de bienestar en sus vidas, y a menudo tienen muchos que constantemente hacen retiros.

Lo dije en el capítulo cuatro, y lo diré de nuevo. Cuando la ekklesia comprenda el poder de hacer micro depósitos de bienestar emocional, físico y espiritual en la vida de nuestros vecinos, el mundo cambiará de maneras que apenas podemos imaginar. Todo lo que se necesita es la voluntad de crear un parqué donde podamos "gastar" un poco de nuestro tiempo y una porción del suministro ilimitado de amor disponible para nosotros de nuestro Padre a través del don de Su Hijo y nuestro Señor, Rey y Salvador, Jesucristo.

Resumen

Ver la vida a través de lente de los parqués y las "monedas" que no puedes ver o medir directamente es realmente radical. Sin embargo, esta es la "economía" que creará la prosperidad que Jesús vino a dar a toda la humanidad. Hoy en día, podemos usar esta comprensión a aprovechar las nuevas innovaciones en tecnología financiera para crear nuevas y emocionantes monedas locales complementarias. Son herramientas poderosas que pueden facilitar el intercambio en parqués diseñados para combinar la realidad espiritual y material del mundo en el que vivimos y marcar el comienzo de una nueva era de abundancia.

Por radical que sea todo esto, no es más que la punta del iceberg. Es el comienzo de rendir a Dios lo que Él siempre quiso—la capacidad sin obstáculos de Su pueblo para construir Su Reino. Este es el tipo de pensamiento *y vida* "radical" que Dios está llamando a la ekklesia a abrazar a medida que Su Gran Restauración se pone en marcha a toda marcha en los próximos años.

Parte 3
El Proceso

Capítulo 9

Sigue al Líder

"El que ama su vida la pierde; y el que aborrece su vida en este mundo, la conservará para vida eterna. Si alguno me sirve, que me siga; y donde yo estoy, allí también estará mi servidor; si alguno me sirve, el Padre lo honrará."
Juan 12:25-26

En su libro *After Capitalism [Después del Capitalismo]*, Michael Schluter declaró: "El mayor desafío al pasar de un sistema económico Capitalista a un sistema económico relacional es cómo cambiar los postes de la portería de la búsqueda de ganancias comerciales y ganancias personales a un enfoque en una relación buena y correcta con Dios y el prójimo".[87] Tiene razón. Debido a la naturaleza radical de lo que estamos proponiendo, al igual que Nehemías, el enemigo ciertamente traerá a nuestros Sanbalats y Tobías se harán oír a medida que estos postes de la portería comiencen a cambiar.[88]

Permanecer comprometido con los caminos de Dios requerirá que sigamos a un líder en quien nuestro puente de confianza sea inquebrantable. Jesús dio ejemplo de esto al recorrer el camino radical que Su Padre puso ante Él. A medida que vivió y enseñó, los postes de la portería que definían lo que significa ser y vivir como portadores de la imagen de Dios cambiaron radicalmente, ya no se nos exige que cumplamos la Ley, sino que nos permite adaptarnos a la imagen de aquel que cumplió la Ley.

Jesús declaró la naturaleza radical de esta nueva realidad al comienzo de su ministerio. En Lucas 4, Jesús dijo que Él vino a dar

---

[87] Paul Mills, Michael Schluter, *After Capitalism*, 23
[88] Nehemías 4

esperanza a los pobres, sanar a los quebrantados de corazón, liberar a los cautivos oprimidos y dar vista a los ciegos. Estos no eran solo clichés. Su declaración fue fundamental para Su misión, y Él quería que todos la supieran. Cada una de Sus acciones demostró Su intención de "cambiar" radicalmente y para siempre los "postes de la portería" de lo que demostraba visiblemente que el Reino de Dios estaba cerca.

Asegurar la identidad humana como portadores de la imagen de Dios era central para Su misión. Mateo 11 nos da una idea de esta realidad. Juan el Bautista envió a sus discípulos a cuestionar a Jesús si Él era el Mesías. ¿Y qué les dijo Jesús a los discípulos de Juan que reportaran como evidencia de que Él era el Mesías?

No fue que las personas que escucharon Su predicación se arrepintieron y fueron salvas. No fue que Su popularidad creciera rápidamente. No fue Su asombroso Sermón del Monte. No es que ya hubiera cumplido varias profecías del Antiguo Testamento. En cambio, Jesús les dijo a los discípulos de Juan que informaran que Él estaba *practicando lo que predicaba* en esa sinagoga en Nazaret cuando comenzó Su ministerio.

> "Y respondiendo Jesús, les dijo: Id y contad a Juan lo que oís y
> veis: los ciegos reciben la vista y los cojos andan, los leprosos
> quedan limpios, los sordos oyen, los muertos son resucitados y
> a los pobres se les anuncia el evangelio. Y bienaventurado es
> el que no se escandaliza de mí."
> Mateo 11:4-6

La única evidencia que necesitó Juan el Bautista, uno de los hombres más dedicados que alguna vez predicó el Reino de Dios, fue que Jesús había nutrido el bienestar emocional, físico y espiritual de los pobres, las viudas y los huérfanos. Le dio un alto "valor" a asegurar y proteger la identidad de aquellos creados a la imagen del Padre.

Las implicaciones de esto en lo que se refiere a una cosmovisión económica bíblica son asombrosas. Para enfocarlo más nítidamente, necesitamos entender el entorno socioeconómico del mundo real en el que Jesús vivió todos los días. Después de todo, la experiencia vivida por quienes Lo escucharon proporcionó el contexto a través del cual interpretarían las parábolas que utilizó en Sus enseñanzas.

Por ejemplo, pocas personas sabe que, durante el ministerio de Jesús, la economía del Imperio Romano estaba al borde del colapso. La desestabilización política, los cambios en las leyes de usura y décadas de prácticas crediticias corruptas estaban pasando factura.[89] Los impuestos eran altos y subían. El gobierno romano regularmente confiscaba tierras de sus ciudadanos. Las familias luchaban por poner comida en la mesa. Su bienestar emocional, físico y espiritual estaban siendo destruido sistemáticamente.

La persona promedio no entendía la verdadera razón por la que esto estaba sucediendo. Jesús lo hizo. Él entendió que el sistema monetario, bajo el cual Él comerciaba todos los días de Su vida era una abominación para Dios. A medida que su tiempo en la tierra llegaba a su fin, Jesús quería asegurarse de que aquellos con "ojos para ver" conocieran la causa raíz del caos económico que se desarrollaba a su alrededor.

El capítulo trece de *Vine a Dar* describe lo que creo que es el principal punto de inflexión en la historia económica del mundo. Se titula "Una Crisis Monetaria del Siglo I". Incluyo un extracto extendido aquí porque examina varios pasajes importantes de las Escrituras a través del contexto de la realidad económica de Jesús en ese entonces.

"Cada día, los judíos comerciaban con los mercaderes paganos que se habían instalado en los atrios exteriores del templo. La cantidad de riqueza que pasaba de manos de quienes adoraban a Dios a manos de quienes adoraban a Satanás era enorme. Pero el robo no terminaba ahí. Cada moneda que llevaba la imagen de Melqart estaba acuñada según las tradiciones de los hombres. Llevaban una imagen grabada y, por lo tanto, conllevaban una maldición generacional.

Los historiadores y eruditos están de acuerdo en que, con el tiempo, las actividades en el templo y alrededor del templo se

---

[89] *The Financial Crisis of 33 A.D.*, American Journal of Philology, 336-341

centraron menos en Dios y más en el hombre. Propongo que la presencia de estas monedas en el tesoro del templo socavó el bienestar espiritual del pueblo judío, *invalidando* así muchas de las actividades que estaban destinadas a preservarlo como la casa santa de Dios.

La imagen de Satanás estampaba monedas, y el sistema monetario de César robó mucho más que dinero. Causaron estragos en los Imagers de Dios, no solo en el mercado y el mundo material, sino también en el templo y el mundo espiritual. Envenenaron casi todo tipo de comercio realizado por quienes los usaban. Es más, los fariseos deben haber sabido esto. Pero no les importó. Hacía mucho tiempo que habían sucumbido a una tentación y un lazo. Eran amantes del dinero y apoyaban esta abominación para mantener su poder.

Estaba claro que Jesús había visto suficiente. Después del segundo vuelco, los fariseos tuvieron que actuar rápidamente para detenerlo. Al día siguiente se acercaron a Jesús en un intento final de atraparlo en una mentira, esperando poder desacreditarlo antes de que su corrupción se hiciera pública.

> "Entonces le enviaron algunos de los fariseos y de los herodianos, para atraparlo en Sus palabras. Cuando llegaron, le dijeron: 'Maestro, sabemos que eres veraz y que no te preocupas por nadie; porque no miras a la persona de los hombres, sino que enseñas el camino de Dios en verdad. ¿Es lícito pagar impuestos al César o no? ¿Pagaremos o no pagaremos?' Pero Él, conociendo su hipocresía, les dijo: "¿Por qué me pruebas? Tráeme un denario para que lo vea'. Así que lo trajeron. Y él les dijo: '¿De quién es esta imagen e inscripción?' Ellos le dijeron: 'De César'. Y Jesús respondió y les dijo: "Dad al César lo que es del César y a Dios lo que es de Dios". Y estaban asombrados de Él."
> Marcos 12:13-17 (NKJV/NASB)

Es casi cómico que todo lo que se les ocurrió a los fariseos fue hacerle a Jesús otra pregunta sobre los impuestos. No importaba. Jesús estaba listo para entregar Su mensaje final. Cuando les pidió que le trajeran un denario, puso en marcha uno de los eventos más importantes de la historia monetaria.

Jesús miró la moneda.

"Tiberivs Caesar Divi Avgvsti Filivs Avgvstvs" o,
"César Augusto Tiberio, hijo del Divino Augusto".

La palabra griega traducida "lo vea" en el versículo 15 es *horáō*, y significa: "ver correctamente, ver con la mente, *percibir con percepción espiritual interna.*" Cuando Jesús levantó la moneda, acusó tanto al sistema monetario de César como a los fariseos por ignorar lo obvio: ya sea en el templo o en la calle, estas abominaciones representadas por dioses estaban en todas partes.

Jesús quería que todos allí, y nosotros hoy, "viéramos" que los sacerdotes judíos durante la dinastía asmonea tenían razón. Las monedas que portan la imagen de dioses tienen el poder de separar más que la energía económica del pueblo de Dios. Habían hecho del templo una casa de comercio donde los ladrones de Satanás robaron la *imagen de Dios* de Su gente. Entonces eran vulnerables para convertirse en lo mismo que Satanás deseaba—huérfanos espirituales.

Los fariseos estaban en medio de una "crisis monetaria" de proporciones épicas, pero se negaron a "verla". Jesús no aceptaba nada de eso. De pie justo frente a ellos, señaló directamente el origen de la crisis.

"¿De quién es esta imagen e inscripción?"

César, un hombre que decía ser un "dios". La definición clásica de un ídolo falso tallada en una moneda de metal. El segundo mandamiento *debería* haber estado sonando en los oídos de todos los presentes...

"No te harás ídolo, ni semejanza alguna de lo que está arriba en el cielo, ni abajo en la tierra, ni en las aguas debajo de la tierra. No los adorarás ni los servirás; porque yo, el Señor tu Dios, soy Dios celoso, que castigo la iniquidad de los padres sobre los hijos hasta la tercera y cuarta generación de los que me aborrecen,"

Se acabó el juego. La historia, la Ley y la prueba física de su pecado estaban allí frente a los fariseos. Ya no pudieron ocultarlo. En este momento, tenían una opción. Podrían haber reconocido lo obvio, caídos y rasgado sus ropas en arrepentimiento. Pero eso no es lo que sucedió. El amor al dinero es fuerte. Sus corazones endurecidos no les permitirían legitimar a Aquel que volcó las mesas de dinero, el mismo hombre al que querían muerto. Todo lo que pudieron hacer fue darle una respuesta superficial y obvia a Su pregunta.

"De César".

Y Jesús respondió con lo que creo que es una de sus declaraciones más incomprendidas en las Escrituras.

"Dad al César lo que es del César y a Dios lo que es de Dios."

La enseñanza más común en este pasaje es que debemos pagar nuestros impuestos y amar a Dios. Pero eso no tiene sentido basado en la reacción de los fariseos.

"Estaban asombrados de Él".

¿Por qué estaban asombrados si todo a lo que Jesús se refería era pagar impuestos al César y amar a Dios? La gente hacía eso todos los días. No hay nada de qué "asombrado" si eso es lo que Él quiso decir. Sin embargo, ahora conocemos el contexto que rodea las circunstancias que condujeron a este encuentro. Eso cambia las cosas dramáticamente. Ahora examinaremos más de cerca la respuesta de Jesús para ver por qué.

Comencemos con "Dad al César lo que es del César". ¿Hay algo en la palabra de Dios que diga que los líderes judíos deben dar al César el derecho de crear monedas que roben energía económica y la transfieran a aquellos que portan el nombre de Dios en vano? ¿Deberían los fariseos entregar el templo de Dios a los cambistas de César, que luego lo convirtieron en una cueva de ladrones? Claro que no. Sin embargo, hicieron la vista gorda, entregando ambos a César. Y eso nos lleva a la segunda parte de su respuesta.

"[Dad] a Dios lo que es de Dios".

Ahora se vuelve real para ti y para mí. Jesús clama a través del tiempo a la ekklesia tanto entonces como hoy. ¡César no posee nada! Siga el ejemplo de los sumos sacerdotes judíos asmoneos. Toma el lugar que te corresponde en las puertas de la influencia. Dad a Dios un sistema de intercambio de valores que priorice amar a tu prójimo a medida que construyes su bienestar emocional, físico y espiritual y aseguras su identidad como un amado Imager de Dios. ¡Dad a Él un sistema que te permite crear valor sin obstáculos por la maldición siempre presente de las imágenes grabadas! Dad a Él un sistema donde Su pueblo puede desatar la porción de Su imagen que Él tejió en ellos en el vientre de su madre con el propósito de construir *Su* Reino en la tierra.

¿No es eso más poderoso que "Paga tus impuestos y ama a Dios"?

En esta declaración, Jesús obligó a los líderes religiosos y a sus seguidores a mirar hacia atrás en la historia y hacia el futuro. Identificó y expuso el mal incrustado en el sistema monetario de César *y* lo que se requería para enfrentarlo. Al hacerlo, sembró las semillas de una revolución monetaria, *si* la ekklesia tuviera los ojos para "ver" con discernimiento espiritual la importancia de diseñar y administrar su propio sistema de dinero. Desafortunadamente, eso resultó ser un gran 'si'."

(fin del extracto)

Podemos consolarnos al saber que nuestro líder "ve" los problemas con nuestros sistemas económicos y monetarios mejor de lo que podemos imaginar. Él concibió Su vida y Sus enseñanzas como el modelo para la restauración de un sistema económico y monetario que proporcionaría los recursos necesarios para construir el Reino de Dios en la tierra. Sin embargo, hoy en día la ekklesia debe tener un conocimiento intelectual del diseño de este modelo. También debemos tener una relación íntima con el líder que lo diseñó.

Permanezcan en el Imager Perfecto

En su libro, *The Secret Place [El Lugar Secreto]*, el Dr. Dale Fife describe la relación que Enoc tuvo con Dios. Caminó con Él. Él era su amigo. Luego nos recuerda:

"Tú y yo podemos seguir los pasos de Enoc gracias a Jesús. Él ha preparado el camino por Su muerte en la cruz por nuestros pecados. La intimidad y la comunión con Dios en el Espíritu dan vida y sostienen la vida; no solo te dará la vida como realmente estaba destinada a ser, sino que también te *mantendrá* en esa vida abundante." [90]

Encontrar y habitar nuestro "Lugar Secreto" personal cada día no solo es alcanzable, sino que es necesario para cualquiera que audazmente entre en servicio en el Reino de Dios. Afortunadamente, las Escrituras nos ayudan a encontrarlo. En Juan 14, Felipe le pidió a Jesús que le mostrara al Padre. La respuesta de Jesús fue clara. "El que me ha visto a mí, ha visto al Padre". Sin vacilación, calificación o limitación, Jesús dijo a sus discípulos: "Ustedes están mirando al

---

[90] Dr. Dale Fife, *The Secret Place: Passionately Pursuing His Presence*, 73

Padre. En Mí, *ves* el corazón del Padre para la humanidad. La manera de *conocer* al Padre es conocerme a Mí."

"Si alguno me ama, guardará mi palabra; y mi Padre lo amará, y vendremos a él, y haremos con él morada. El que no me ama, no guarda mis palabras; y la palabra que oís no es mía, sino del Padre que me envió. Estas cosas os he dicho estando con vosotros. Pero el Consolador, el Espíritu Santo, a quien el Padre enviará en mi nombre, Él os enseñará todas las cosas, y os recordará todo lo que os he dicho. La paz os dejo, mi paz os doy; no os la doy como el mundo la da. No se turbe vuestro corazón, ni tenga miedo."
Juan 14:23-27

"Yo soy la vid verdadera, y mi Padre es el viñador. Todo sarmiento que en mí no da fruto, lo quita; y todo el que da fruto, lo poda para que dé más fruto. Vosotros ya estáis limpios por la palabra que os he hablado. Permaneced en mí, y yo en vosotros. Como el sarmiento no puede dar fruto por sí mismo si no permanece en la vid, así tampoco vosotros si no permanecéis en mí."
Juan 15:1-4

"En esto es glorificado mi Padre, en que deis mucho fruto, y así probéis que sois mis discípulos. Como el Padre me ha amado, así también yo os he amado; permaneced en mi amor. Si guardáis mis mandamientos, permaneceréis en mi amor, así como yo he guardado los mandamientos de mi Padre y permanezco en su amor. Estas cosas os he hablado, para que mi gozo esté en vosotros, y vuestro gozo sea perfecto."
Juan 15:8-11

Juan 14:23-15:11 es uno de los mensajes más completos y concisos sobre uno de los temas más críticos que Jesús enseñó. Las palabras que Él repite resaltan lo que es esencial. "Amor, vid, ramas, mora, fruto, guardar, palabra, mandamientos." Algo asombroso sucede cuando permanecemos en Jesús tan íntimamente como una rama injertada en un árbol. Los invito a tomarse su tiempo y apoyarse en los siguientes pasajes de las Escrituras y pregúntale al Espíritu Santo lo que Él te está diciendo en este momento.

"Por consiguiente, hermanos, os ruego por las misericordias de Dios que presentéis vuestros cuerpos como sacrificio vivo y santo, aceptable a Dios, que es vuestro culto racional. Y no os adaptéis a este mundo, sino transformaos mediante la renovación de vuestra mente, para que verifiquéis cuál es la voluntad de Dios: lo que es bueno, aceptable y perfecto."
Romanos 12:1-2

"Digo, pues: Andad por el Espíritu, y no cumpliréis el deseo de la carne. Porque el deseo de la carne es contra el Espíritu, y el del Espíritu es contra la carne, pues estos se oponen el uno al otro, de manera que no podéis hacer lo que deseáis. Pero si sois guiados por el Espíritu, no estáis bajo la ley."
Gálatas 5:16-18

"¿Porque entre los hombres, ¿quién conoce los pensamientos de un hombre, sino el espíritu del hombre que está en él? Asimismo, nadie conoce los pensamientos de Dios, sino el Espíritu de Dios. Y nosotros hemos recibido, no el espíritu del mundo, sino el Espíritu que viene de Dios, para que conozcamos lo que Dios nos ha dado gratuitamente, de lo cual también hablamos, no con palabras enseñadas por sabiduría humana, sino con las enseñadas por el Espíritu, combinando pensamientos espirituales con palabras espirituales. Pero el hombre natural no acepta las cosas del Espíritu de Dios, porque para él son necedad; y no las puede entender, porque se disciernen espiritualmente. En cambio, el que es espiritual juzga todas las cosas; pero él no es juzgado por nadie. Porque ¿quién ha conocido la mente del Señor, para que le instruya? Mas nosotros tenemos la mente de Cristo."
1 corintios 2:11-16

Cuando alcancemos la mente de Cristo, *veremos* el mundo a través de un lente diferente. Pero más que eso, la necedad de las tradiciones del hombre nos impulsará a buscar una relación más íntima con el Padre, el Hijo y el Espíritu Santo. Sólo allí encontraremos el remedio de Dios para el robo, la muerte y la destrucción que las tradiciones del hombre han acumulado sobre la humanidad.

Construir desde la Base

Recuerde del capítulo dos que Jesús es el Rey de reyes. O, dicho de otra manera, el Líder de todos los líderes. Para logar la transformación económica de la naturaleza radical que proponemos, los líderes de las comunidades deben dar un paso adelante y seguir Su ejemplo. No se logrará subiéndose a un púlpito intimidatorio desde el que predicar un mensaje populista que haga cosquillas a los oídos y agite las pasiones de las masas.

Al contrario. Jesús construyó un grupo central de seguidores en quienes podía confiar para continuar con los propósitos del Padre, independientemente de lo que enfrentaron. La estrategia de Dios para el liderazgo no ha cambiado. Nos está pidiendo que desarrollemos un grupo central de aliados de confianza en nuestras comunidades que entiendan los tiempos y sepan qué hacer.[91]

Estos hombres y mujeres verán tanto la oportunidad histórica *como* la monumental tarea que tenemos entre manos. Continuarán construyendo pacientemente mientras los Sanbalats y Tobías se burlan, ridiculizan e intimidan a ellos y a aquellos a quienes dirigen. Entonces, un día, su perseverancia será recompensada,[92] ya que las semillas que siembran provocarán una transformación radical. Una vez más se dirá de las generaciones futuras: "los que han venido han puesto el mundo patas arriba."[93]

Invertir con rendimientos generacionales en mente es contrario a nuestro mundo moderno e interconectado, donde la gente exige

---

[91] 1 crónicas 12:32
[92] Romanos 5:3,4; 8:18-39; 2 Pedro 1:5-8
[93] Hechos 17:6

retornos a corto plazo de sus inversiones y respuestas simples a problemas complejos. Por lo tanto, la base de nuestra estrategia parece radical. Sigue a Jesús. Permanecer en Él, amar como Él, hablar la verdad como Él y compartirlo por palabra y obra mientras amamos a nuestro prójimo. Luego observa cómo surge una economía en la que madres, padres, hijos y nietos administran los recursos humanos, naturales y espirituales para construir el Reino de Dios a un ritmo con el hoy solo podemos soñar.

Capítulo 10

Abraza la Gran Restauración

"Por tanto, arrepentíos y convertíos, para que vuestros pecados sean borrados, a fin de que tiempos de refrigerio vengan de la presencia del Señor, y Él envíe a Jesús, el Cristo designado de antemano para vosotros, a quien el cielo debe recibir hasta el día de la restauración de todas las cosas, acerca de lo cual Dios habló por boca de sus santos profetas desde tiempos antiguos."
Hechos 3:19-21

Dios no deja a su pueblo sin una manera de lograr lo que Él los llama a hacer. Él proporcionó una manera para que Noé preservara a la humanidad a través de un diluvio global. Él proveyó una manera para que Abraham fuera padre de la nación de Israel. Él proporcionó una manera para que José preservara a Israel al adoptar los principios económicos de Dios antes y durante una hambruna de siete años. Él proveyó una manera para que Moisés los sacara a Israel de Egipto y conducirlo hasta la puerta de la Tierra Prometida. La lista de la provisión de Dios continúa con Josué, los Jueces, Rut, Nehemías, David, Salomón, Ester, Job, Jesús, Sus discípulos, Pedro y Pablo. A cada uno se le dio una forma práctica de asociarse con Dios para lograr lo que parecía imposible en ese momento.

Hoy en día, tenemos el privilegio de haber sido elegidos por Dios para vivir durante uno de los momentos más emocionantes de la historia. Ha iniciado un "proyecto" aparentemente imposible. Esto es restaurar la ekklesia y la novia de Cristo a su papel previsto como supervisores y gerentes de los sistemas y recursos de la tierra. No sabemos cuánto tiempo llevará este proyecto. Al igual que aquellos que nos precedieron, nuestra responsabilidad es alinearnos con Sus pensamientos y caminos, independientemente de cuán radicales puedan parecer, y dejarle el camino y el tiempo a Él.

Al final, las formas de Dios de crear e intercambiar valor prevalecerán a medida que los corazones y las mentes se transformen persona por persona, familia por familia y comunidad por comunidad. A veces, el progreso parecerá minuciosamente lentos. Sin embargo, con el tiempo, la innegable sabiduría de Sus caminos se hará evidente para el mundo; entonces, de repente, alcanzaremos una masa crítica. No habrá vuelta atrás. El mundo florecerá en una era de abundancia.

Si eso suena imposible, debería. Los israelitas pasaron cuarenta años en el desierto; luego, de repente, Dios los desató en una campaña para reclamar la Tierra Prometida. Un muchacho fue ungido para dirigir una nación y luego perseguido por el rey durante años, luego, de repente, David se convirtió en un rey según el corazón de Dios. José pasó años en el anonimato supervisando los asuntos de una prisión egipcia; luego, de repente, fue puesto a cargo de los asuntos de todo Egipto. ¿Y qué hay de los discípulos de Jesús? Parecía imposible que un grupo de inadaptados que trabajaron en relativa oscuridad toda su vida de repente liderar un movimiento que cambiaría el mundo para siempre.

Así es como suceden los grandes movimientos de Dios. Años, si no décadas de paciencia, trabajo tranquilo, aislamiento en el desierto y persecución preceden al avance. Hoy, estamos en un momento de transición que creo que marcará el comienzo de otro momento "repentino". Sí, el liderazgo de la iglesia occidental está en medio de una crisis de cosmovisión, y la iglesia global todavía está jugando a la ramera con las tradiciones y formas del hombre.

Sin embargo, hay un cambio inconfundible que está ocurriendo en el Espíritu. Estamos en la cúspide de una transformación como la que el mundo no ha experimentado desde que Jesús caminó por la tierra. Es difícil imaginar cómo será, y mucho menos cómo un cuerpo de Cristo disperso y desobediente liderará el camino. Sin embargo, permítanme compartir un ejemplo del mundo real de cómo creo que este proceso se está desarrollando ante nuestros ojos.

A principios de la década de 1990, tenía un socio comercial que restauraba autos clásicos de los años 60 y principios de los 70. Un fin de semana me invitó a ver uno de sus autos más valiosos en el proceso de lo que se conoce como una restauración "sin chasis". Habiendo crecido sin mucho dinero en una pequeña granja de Nebraska, había ayudado a mi padre y a mi abuelo a hacer reparaciones importantes en nuestros viejos vehículos. En otras palabras, ya había visto equipos desmontados para su reparación. Sin embargo, esa experiencia no fue suficiente para prepararme para lo que vi en ese garaje.

En medio del salón, había un desorden irreconocible. Latas de distintos tamaños que contenían piezas aparentemente al azar rodeaban un chasis desnudo con signos de óxido aquí y allá. La carrocería del coche, descolorida por la pintura, estaba en el suelo, junto al chasis (de ahí el término "sin chasis"). En bancos cercanos, el interior del coche estaba en varias etapas de desmontaje y reparación. El motor, que estaba en otro banco, estaba siendo desmontado y revisado por completo.

Mi amigo estaba en el proceso de quitar, limpiar, reemplazar y restaurar cada panel, asiento, instrumento, tuerca, perno y arandela de ese auto. Unos meses después, me invitó a volver para ver el producto terminado. El auto era impresionante. Si bien no estaba perfecto, había restaurado ese auto de veinticinco años, lo más cerca posible a su estado original.

Comparto esto con ustedes porque lo que mi amigo logró en ese proceso de restauración requirió enormes recursos de tiempo y dinero. Requirió dedicación, paciencia y fe en que el resultado deseado podría lograrse. Sin embargo, para él, el esfuerzo valió la pena, porque vio en qué se podía convertir ese viejo automóvil oxidado y descolorido.

Amigo mío, Dios ama Su gran proyecto de restauración. Él ve el desastre que los reyes de la tierra han hecho de Su Creación, la identidad humana y el Reino que Él imaginó en el Huerto del Edén. Un "reset", grande o pequeño, no es suficiente para lograr lo que Él tiene en mente. En cambio, Él busca una restauración "sin chasis" completa.

Dios está invitando a los seguidores de Jesús a buscar Sus pensamientos, abrazar Sus caminos y restaurar Sus mandamientos originales de "cultivar y cuidar" la creación y "sed fecundos y multiplicaos y llenad la tierra y sojuzgadla". Como parte de este proyecto de restauración, el pueblo de Dios necesitará un nuevo sistema, diseñado de acuerdo con Sus principios económicos para crear, administrar e intercambiar valor. Necesitaremos volver a ser mayordomía de la Creación y sus recursos naturales, en primer lugar y sobre todo con la mirada puesta en construir el Reino de Dios en la tierra.

Para unirnos a Él en esta emocionante obra, necesitamos comprender y adoptar una cosmovisión económica bíblica y aplicarla en nuestras comunidades locales. Debemos entender que cada comunidad tiene una combinación única de variables que debemos tener en cuenta y gestionar a medida que comienza el proyecto de restauración. Estas incluyen:

- Cultura socioeconómica. Comprender la dinámica relacional y las alianzas en una comunidad.

- Jurisdicción. Delegación de autoridad a las personas adecuadas en las esferas de influencia adecuadas.

- Política local. Influir en quienes tienen poder político y comprender hasta qué punto están sujetos a los espíritus de control y competencia.

- El marco jurídico. Las leyes, reglamentos y estatutos locales deben tenerse en cuenta al crear estrategias y estructuras para implementar nuevos sistemas.

- Tecnología. La infraestructura existente y propuesta determinará si el despliegue de una plataforma de alta tecnología es posible o si es necesaria una implementación de baja tecnología.

Estas son solo algunas de las muchas variables que deben

considerarse. Estamos listos para trabajar con aquellos a quienes el Espíritu Santo designe. Juntos, recorreremos el camino único hacia el éxito que Dios ha planeado para cada comunidad. A medida que aumente el número de comunidades comprometidas con este proyecto de restauración "sin chasis", se creará una red resiliente y sostenible que escalará a nivel regional y nacional. Con el tiempo, abarcará todo el mundo.

La Radicular de la Creación de Valor

Las Escrituras respaldan nuestra creencia de que la fuente principal de todo valor en la Tierra es el ecosistema natural que Dios diseñó e integró en la estructura de la Creación para proporcionarnos alimento. Como prueba de ello, en los últimos veinte años, Dios se ha movido en los corazones de una nueva generación de agricultores que quieren redescubrir cómo Él originalmente pretendía que los humanos "cultivaran" y "cuidaran" la tierra.

Estos administradores entienden que es ilógico pensar que los caminos en que Dios provee alimentos para la humanidad incluyen la modificación genética de las semillas que *Él* diseñó. Lo mismo puede decirse de la creación de productos químicos a medida para proteger las semillas transgénicas del hombre de plagas y malas hierbas. Pero no termina ahí. Estos nuevos agricultores entender nuestro sistema actual, en el que los alimentos recorren una distancia promedio de 1500 millas antes de que lleguen a la mesa familiar, es insostenible.

En 2017, Chris Cummings, director nacional del Grupo Asesor de Alimentos de Colliers International, identificó el talón de Aquiles del sistema de alimentos actual cuando señalo. "Cada elemento del ciclo de vida de los alimentos está maduro para un cambio acelerado... La necesidad combinada de *eficiencia* e innovación está atrayendo a los empresarios y proporcionando un campo de pruebas perfecto para las tecnologías emergentes tanto para la producción como para la distribución de alimentos".[94] (énfasis mío)

Las semillas transgénicas, junto con los químicos y fertilizantes personalizados, crearon una realidad económica en la que las prácticas agrícolas de monocultivo tuvieron que volverse cada vez más eficientes. Esto provocó que la *variedad* de alimentos producidos en el ecosistema económico local cayera drásticamente. Aunque la cadena de suministro alimentaria se había vuelto muy eficiente para distribuir grandes cantidades de diversos productos alimenticios alrededor del mundo a bajo costo, nadie —incluida la ekklesia— se detuvo a preguntar: "Solo porque podemos hacerlo, ¿significa que debemos hacerlo?" O, dicho de otra forma: "¿Es este el camino de Dios, o es el camino del hombre?"

Hoy estamos cosechando las consecuencias, al darnos cuenta de que la respuesta es: "Este es el camino del hombre, y no deberíamos haberlo adoptado". Lamentablemente, la forma en que el ser humano produce y distribuye alimentos ha influido incluso en agricultores bienintencionados y temerosos de Dios, que llevan en sus corazones la noble causa de alimentar al mundo. Como descendiente de generaciones de estas personas de buen corazón, me duele decir que las prácticas agrícolas actuales han destruido cientos de millones de hectáreas de suelo que estaba diseñado para "dará su vigor" de forma natural y "produzca" alimentos abundantes y nutritivos. En el proceso, el arado excesivo y el tratamiento del suelo con productos químicos han contribuido a una catástrofe ambiental.

Los confinamientos asociados a la pandemia de 2020 expusieron la fragilidad de la economía global y sus cadenas de suministro hiper eficientes. Tan inconveniente como es quedarse sin los chips informáticos, necesarios para sacar los automóviles nuevos de la línea de producción, pocos avances amenazan a las comunidades de todo el mundo que una ruptura de la cadena de suministro mundial de suministro de alimentos. Esto se debe a que, sin comida, morimos. Sin suficiente comida, nos debilitamos. Nuestra capacidad para generar

---

[94] https://knowledge-leader.colliers.com/editor/food-fight-collision-technology-distribution-food-industry

actividad económica se ve disminuida.

Por lo tanto, es lógico que *la producción y distribución de alimentos es la base de toda actividad económica*. Defiendo esta afirmación y analizo sus implicaciones en el tercer libro de esta serie, titulado *Cultivar y Cuidar, una Base Económica para la Gran Restauración*. En resumen, si no restauramos la forma de Dios de alimentar al mundo, los nuevos sistemas económicos que construyamos no tendrán importancia. Los alimentos escasearán, ya sea porque la tierra perderá su capacidad de producir o porque los reyes de la tierra se apoderarán de toda la cadena de suministro, la globalizarán y utilizarán los alimentos para controlar y esclavizar a la humanidad.

En la actualidad, nuestro sistema económico neodarwinista, impulsado por el consumo, extrae el valor producido por la Creación, dejando una pequeña porción de ella en las comunidades locales para que la gente de allí pueda sobrevivir y exportando el resto a corporaciones multinacionales. Estas corporaciones luego usan el valor para crear cosas que importan poco para el florecimiento humano real, incluyendo alimentos ultra procesados que socavan la salud y el bienestar de la humanidad. Mientras tanto, este sistema económico crea una actitud entre los consumidores que devalúa las habilidades de los pequeños agricultores que entienden cómo preparar comida abundante y rica en nutrientes de acuerdo con el diseño original de Dios.

Afortunadamente, Dios diseñó la Creación para que se recuperara incluso de los eventos más devastadores. Así como cuando Noé salió del arca y encontró una tierra diezmada, el mundo está a punto de descubrir que el increíble regalo de Dios a la humanidad puede ser restaurado y puede producir en abundancia, como Él quiso. Hoy en día, una tendencia creciente entre los nuevos agricultores a pequeña escala es combinar las nuevas tecnologías con el diseño de los ecosistemas naturales de la Creación en lo que se denomina "agricultura regenerativa".

Los resultados son impresionantes. Los microbios y minerales están siendo restaurados en el suelo. Los granos y verduras ricos en nutrientes crecen en abundancia con solo requieren una fracción del agua utilizada para cultivar grandes cultivos en hileras de monocultivos. Ahora necesitamos un modelo económico y monetario que cree un puente entre las formas actuales de producir y distribuir nuestros alimentos no saludables y una nueva forma de distribuir alimentos saludables producidos localmente. Un sistema de este tipo transformará radicalmente la forma en que alimentamos al mundo en el siglo XXI. En el proceso, los agricultores recuperarán el lugar que les corresponde, como administradores de la Creación altamente estimados y valorados en la nueva economía.

Restaurando una Economía Relacional

Es reconfortante saber que la abundancia que la Creación "produjo" en el huerto y que fue dada a la humanidad "para alimento"[95] todavía está disponible para nosotros hoy. Sin embargo, siempre hay más en los caminos de Dios de lo que inicialmente vemos. Por lo tanto, cabría esperar que la raíz de toda creación de valor en la tierra tuviera un propósito mayor que simplemente mantener con viva a Su familia humana. Y lo hace.

En todas las culturas a lo largo del tiempo, la comida ha sido un punto central en la construcción y el mantenimiento de relaciones con Dios y otros seres humanos. Vemos esto en las Escrituras y en nuestras experiencias cotidianas.

- Moisés, Aaron, los hijos de Aarón y setenta de los ancianos de Israel se reunieron para una comida para celebrar el nuevo pacto con Israel, que se dio en el Monte Sinaí.[96]

- Dentro de la ley, fiestas marcaron las celebraciones de la misericordia y bendición de Dios en la ley mosaica.[97]

---

[95] Génesis 1:29, Hechos 10:9-16
[96] Éxodo 24:9-11
[97] Feast of Unleavened Bread, Feast of Booths, Feast of Weeks, et al.

- Jesús nos enseñó a orar por nuestro pan de cada día.[98]

- La Pascua se centra en una comida, y fue durante la Pascua que Jesús partió el pan con Sus discípulos, para marcar el final de Su tiempo en la tierra. Durante esta última Pascua, conocida como la Última Cena, Jesús instituyó la tradición de la Cena del Señor.[99]

Dios siempre tuvo la intención de deber, cosechar, almacenar y consumir alimentos para asegurar que la humanidad formara un vínculo con Él, con Su Hijo, con nuestros compañeros humanos y con Su Creación. Partir el pan juntos está escrito en nuestro ADN espiritual. No hay más que fijarse en la costumbre de abrir nuestras casas con espíritu de hospitalidad, lo que casi siempre incluye comida.

Cuando compartimos una comida, se abre un parqué donde nuestros cuerpos se fortalecen con alimentos de la mano de Dios y donde hacemos micro depósitos generosos en que contribuyen al bienestar emocional y espiritual de aquellos con quienes compartimos la comida. La fuente abundante y autorreplicable de creación de valor y vida que llamamos alimento es tan crítica para el plan general de Dios para la humanidad que en Isaías 55, el capítulo en el que se basan los versículos de este libro, el alimento se usó como ejemplo para establecer un contraste entre los caminos de Dios y los caminos del hombre.

> "Todos los sedientos, venid a las aguas; y los que no tenéis dinero, venid, comprad y comed. Venid, comprad vino y leche sin dinero y sin costo alguno. ¿Por qué gastáis dinero en lo que no es pan, y vuestro salario en lo que no sacia? Escuchadme atentamente, y comed lo que es bueno, y se deleitará vuestra alma en la abundancia."
>
> Isaías 55:1-2

El texto implica que existe un sistema económico que producirá

---

[98] Mateo 6:11
[99] Lucas 22:14-23

alimentos en tal abundancia que aquellos sin dinero pueden "comprarlos". Para aquellos que tienen dinero, Él señala la locura de gastarlo en cosas que no son verdaderamente satisfactorias, aparentemente un asentimiento al pináculo de la sabiduría de Salomón (¿recuerdan el capítulo tres?). Luego Isaías continúa:

> "Inclinad vuestro oído y venid a mí, escuchad y vivirá vuestra
> alma; y haré con vosotros un pacto eterno, conforme a las
> fieles misericordias mostradas a David. He aquí, lo he puesto
> por testigo a los pueblos, por guía y jefe de las naciones. He
> aquí, llamarás a una nación que no conocías, y una nación que
> no te conocía, correrá a ti a causa del Señor tu Dios, el Santo
> de Israel; porque Él te ha glorificado. Buscad al Señor
> mientras puede ser hallado, llamadle en tanto que está cerca."
> Isaías 55:3-6

En estos versículos, Dios exige la atención de Israel. "¡Escúchame! Estoy a punto de contarte algo profundo. Haré un pacto contigo como lo hice con David. Sin embargo, hay una condición. Debes inclinar tu oído y buscarme". Luego revela Su significa:

> "Abandone el impío su camino, y el hombre inicuo sus
> pensamientos, y vuélvase al Señor, que tendrá de él
> compasión, al Dios nuestro, que será amplio en perdonar."
> Isaías 55:7

¡Esto es increíble! Dios estableció un parqué donde los malvados pueden intercambiar las mentiras que los tienen atrapados en los caminos del hombre por la verdad de los caminos de Dios. Si hacen el intercambio, Él los perdonará y los perdonará, restaurándolos una vez más como Portadores de Su imagen. Es en este contexto que llegamos a los versículos 8 y 9.

> "Porque mis pensamientos no son vuestros pensamientos, ni
> vuestros caminos mis caminos —declara el Señor. Porque
> como los cielos son más altos que la tierra, así mis caminos
> son más altos que vuestros caminos, y mis pensamientos más

que vuestros pensamientos."

Lo que Él declaró en los versículos anteriores se logrará de maneras que no tendrán sentido para la mente natural. No tendrá sentido en un mundo lleno de las tradiciones de los hombres. Por lo tanto, los siguientes versículos nos muestran cómo alinear nuestro pensamiento con Sus caminos.

> "Porque como descienden de los cielos la lluvia y la nieve, y
> no vuelven allá sino que riegan la tierra, haciéndola producir y
> germinar, dando semilla al sembrador y pan al que come, así
> será mi palabra que sale de mi boca, no volverá a mí vacía sin
> haber realizado lo que deseo, y logrado el propósito para el
> cual la envié."
> Isaías 55:10-11

Dios señala directamente el diseño de la Creación como un medio para discernir la diferencia entre Sus caminos y las del hombre. Pero hay más. El versículo 12 dice...

> "Porque con alegría saldréis, y con paz seréis conducidos;"

Dios nos dice que no solo tendremos una abundancia de alimentos para nuestros cuerpos, sino que también experimentaremos alegría y paz en esta nueva economía. Dentro de él, encontramos los medios para asegurar y proteger la identidad: el bienestar emocional, físico y espiritual.

Él luego continúa...

> "los montes y las colinas prorrumpirán en gritos de júbilo
> delante de vosotros, y todos los árboles del campo batirán
> palmas. En lugar del espino crecerá el ciprés, y en lugar de la
> ortiga crecerá el mirto; y esto será para gloria del Señor, para
> señal eterna que nunca será borrada."
> Isaías 55:12b-13

Dios pinta una imagen increíble aquí. ¡Cultivar y cuidar la Creación para producir estos resultados hará que la Creación deje de gemir, celebre con nosotros y nos ayude a superar las espinas y ortigas resultantes de la caída!

Si esperamos experimentar Su maravillosa promesa de abundancia, donde la comida se puede obtener "sin dinero", debemos abandonar por completo los caminos del hombre y abrazar los caminos radicales pero increíbles de Dios. Él está invitando a la ekklesia a creer en Su promesa y unirse a Él en una gran aventura. Uno dónde diseñan un sistema para gestionar el valor producido en una economía basada en Sus principios que marcará el comienzo de una era de abundancia.

Solo Hemos Arañado la Superficie

Por radical que pueda parecer el contenido de este libro, no se compara con lo que le espera a la humanidad en los próximos años. Dios está atrayendo a la novia de Cristo a una relación más profunda, más significativa, peligrosa e impredecible con la humanidad, otros seguidores de Jesús y Él mismo, Su Hijo y el Espíritu Santo. Se parecerá a la iglesia del primer siglo más de lo que la mayoría de nosotros podemos imaginar.

Al examinar el panorama global, es evidente que la era de la abundancia solo puede surgir a medida que seguimos un camino que es radical y, en la actualidad, no se revela completamente. Eso significa que debemos aceptar no tener todas las respuestas. Significa entrar en el camino y confiar en que *Su* visión es suficiente. Darrow Miller nos recuerda algo importante al considerar esto.

> "La visión tiene dos niveles. En el nivel macro, nuestro trabajo es ayudar a las personas a ver el panorama general de lo que Dios está haciendo en la historia para restaurar el mundo, acabar con el hambre y construir Su Reino. En el nivel micro, es para ayudar a las personas a ver Su visión para la comunidad. Queremos que las personas visualicen las buenas intenciones de Dios para ellos y sus comunidades." [100]

Hasta este punto, me he centrado en crear un marco de "panorama

---

[100] Darrow Miller, *Discipling Nations*, 90

general" desde el cual los seguidores de Jesús puedan incorporar la economía en una cosmovisión bíblica. Los principios económicos de Dios *deben* guiamos en la fase "sin chasis" de la restauración de nuestros sistemas económicos y monetarios rotos. Lo que sigue en el resto del libro es un marco que nos guiará mientras ayudamos a nuestras comunidades a participar en la Gran Restauración de Dios.

Tenemos mucho trabajo por hacer. La restauración "sin chasis" requerirá que las instituciones y los sistemas del hombre se desmoronen. A medida que lo hagan, todo en la tierra será revalorizado de acuerdo con lo que Dios más valora—las relaciones íntimas con Él, amar a tu prójimo como a ti mismo y asegurando y protegiendo la identidad humana come portadores de Su imagen. Sabemos que es posible. Jesús nos mostró el camino y, en el proceso, redefinió lo que significa la verdadera prosperidad.

Debido a que el mundo, incluida gran parte de la iglesia actual, no tiene una tabla práctica de cosmovisión a través de la cual entender esta nueva definición de prosperidad, el proceso de revalorización será aterrador para muchos. Sin embargo, debe suceder. Dios no permitirá que Su Reino construya sobre un sistema que, durante siglos, no ha creado nada más que una ilusión de riqueza y ha robado la identidad de innumerables de Sus amados portadores de la imagen.

Dios está levantando personas y organizaciones que estén dispuestas a preparar sus comunidades para el despertar espiritual y económica que siempre precede a un proceso de restauración de este tipo. Si el coche restaurado de mi amigo pudiera hablar, diría que el desmantelamiento pieza por pieza fue doloroso y casi insoportable. Sin embargo, confiando en la bondadosa y el amor del restaurador, abrazó el proceso, lo soportó con paz y se regocijó por el resultado final.

Mi amigo, nuestro Restaurador tiene la herramienta en Su mano. Nuestra elección es confiar en Él o no. Abrazar Su obra o no. Temer y temblar a medida que cada parte es removida y limpiada, o encontrar paz y gozo mientras Él hace Su obra, sabiendo que el resultado valdrá la pena.

Mientras tanto, la agitación y el caos que acompañan al intento del hombre de "Gran Reset" seguirán siendo en los titulares. Los reyes de la tierra intentarán seducir a las masas con un camino hacia un futuro que prometen que proporcionará comodidad y seguridad. Debido al enorme agujero en la cosmovisión económica de la iglesia, incluso la ekklesia que "ve" los caminos de Dios puede verse tentada a conformarse con un compromiso que, al final, solo llevará a sus rebaños de regreso a Egipto.

Ese no es el legado que queremos dejar a nuestros hijos y nietos. Nuestro Rey tiene algo que decir sobre aquellos que tomarían esa decisión.

> "'Yo conozco tus obras, que ni eres frío ni caliente. ¡Ojalá fueras frío o caliente! Así, puesto que eres tibio, y no frío ni caliente, te vomitaré de mi boca. Porque dices: 'Soy rico, me he enriquecido y de nada tengo necesidad'; y no sabes que eres un miserable y digno de lástima, y pobre, ciego y desnudo,"
> Apocalipsis 3:15-17

Si lo que Dios quiere es una Gran Restauración, la ekklesia debe ofrecer en promesa nuestras vidas, nuestra fortuna y nuestro sagrado honor a la asignación que Él nos da dentro de ella. No existe ningún otro cuerpo gobernante en la tierra que puede guiar al mundo a través de esta situación y hacia la era de la abundancia.

Capítulo 11
Prepárate

"Procura con diligencia presentarte a Dios aprobado, como
obrero que no tiene de qué avergonzarse, que maneja con
precisión la palabra de verdad."
2 Timoteo 2:15

Ahora es evidente que los principios básicos del mundo son la base del
diseño de los sistemas gestionados por los reyes de la tierra y que las
tradiciones de los hombres se han arraigado en nuestras vidas sin que
siquiera nos demos cuenta.[101] Antes de que los lideres de una
comunidad local puedan comenzar a formular estrategias para
implementar un nuevo modelo económico, deben dar un paso atrás,
entrar en un período de reflexión, identificar esas tradiciones y tomar
medidas para eliminarlas de sus propias vidas.

Esto es más fácil de decir que de hacer. Como aprendimos
anteriormente, muchas personas han abrazado estas tradiciones debido
a que sus pastores carecen de una cosmovisión bíblica. Otros lo
hicieron porque heredaron una visión secular de sus padres y abuelos.
En ambos casos, estas tradiciones económicas se han justificado como
algo "normal" e incluso "saludable". No es de extrañar, por lo tanto,
que la iglesia occidental actual se niegue a abordar algunas de las
verdades más radicales de las Escrituras.

Una de esas verdades es lo que significa arrepentirse. Por un lado,
la palabra se trata como si no tuviera ninguna importancia real. Por
otro lado, se predica con un tono apocalíptico que hay que
"arrepentirse o ir al infierno". Esta dicotomía lleva a muchos jóvenes
a esperar una "gracia fácil" o a rechazar lo que escuchan por

---

considerarlo una condena excesivamente severa. Por lo tanto, quiero tomarme un momento para examinar lo que dicen las Escrituras sobre el arrepentimiento.

En realidad, es muy simple. La palabra hebrea significa "dar la vuelta, escoger un camino diferente." La palabra griega traducida como "arrepentirse" significa ver lo que es aborrecible y cambiar de opinión. Las Escrituras nos enseñan que ayudar a las personas a reconocer lo que es abominable y a elegir un camino diferente no requiere asustarlas con un mensaje de condenación eterna ni halagar sus oídos con una visión distorsionada de la "tolerancia y la aceptación". Más bien, se logra a través de la bondad de Dios y el arrepentimiento sincero.

Debido al inmenso amor que Dios nos tiene, Él camina paciente y amablemente[102] con nosotros mientras revela Su profundo dolor por las consecuencias de nuestro pecado.[103] Luego elegimos cómo responder. Experimentamos el dolor que Dios siente, o simplemente sentimos el dolor del mundo. Son dos cosas diferentes que producen dos resultados diferentes.

> "Porque la tristeza que es conforme a la voluntad de Dios
> produce un arrepentimiento que conduce a la salvación, sin dejar
> pesar; pero la tristeza del mundo produce muerte. Porque mirad,
> ¡qué solicitud ha producido en vosotros esto, esta tristeza
> piadosa, qué vindicación de vosotros mismos, qué indignación,
> qué temor, qué gran afecto, qué celo, qué castigo del mal!"
> 2 corintios 7:10-11a

Hace diez años, un amigo me envió un video que contenía extractos de un sermón del difunto David Wilkerson, titulado "A Call to Anguish [Un Llamado a la Angustia]".[104] Nunca o después he encontrado un mensaje más conciso pero poderoso que describa un "tristeza piadosa" que conduce a "reivindicación, indignación, miedo,

---

[102] Romanos 2:4
[103] 2 Corintios 7:10,11
[104] https://www.youtube.com/watch?v=IGMG_PVaJol

anhelo, celo y venganza del mal". Las siguientes son las declaraciones de apertura de este video. Tenga en cuenta que este sermón fue predicado en septiembre de 2002.

"Y miro toda la escena religiosa de hoy y todo lo que veo son invenciones y ministerios del hombre y la carne. Y veo más del mundo entrando en la iglesia e impactando a la iglesia en lugar de que la iglesia impacte al mundo. Veo que la música se apodera de la casa de Dios, veo que el entretenimiento se apodera de la casa de Dios... Obsesión por el entretenimiento en la casa de Dios, odio a la corrección y odio a la represión...

Ya nadie quiere oírlo. ¿Qué pasó con la angustia en la casa de Dios? ¿Qué pasó con la angustia en el ministerio? Es una palabra que no se escucha en esta época mimada. No lo escuchas.

Angustia significa dolor y angustia extremos; las emociones se agitan tanto que se vuelve doloroso. Dolor interior agudo y profundamente sentido debido a las condiciones acerca de ti, en ti o a tu alrededor.

Angustia. Dolor profundo. Profundo tristeza. La angustia del corazón de Dios.

Nos hemos aferrado a nuestra retórica religiosa y a nuestra charla de avivamiento, pero nos hemos vuelto tan pasivos... Toda verdadera pasión nace de la angustia. Toda verdadera pasión por Cristo sale de un bautismo de angustia.

Escudriña las Escrituras, y encontrarás que cuando Dios decidió recuperar una situación arruinada, Él compartiría Su propia angustia por lo que Dios vio que le sucedía a Su iglesia y a Su pueblo. Y Él encontraría a un hombre que ora, y tomaría a ese hombre y literalmente lo bautizaría con angustia."

Tengo una confesión que hacer. Durante más de una década, vi la causa de la "reforma económica" como un ejercicio principalmente académico. Me centré en crear un camino práctico para cambiar a través de cosas como las monedas locales. Cuando vi este video por primera vez, se me llenaron los ojos de lágrimas. Durante años, pensé que en aquel momento había experimentado la "tristeza piadosa" necesaria para cambiarme. Estaba equivocado.

Dios continuó caminando amablemente conmigo hasta que llegué a un punto en el que comencé a sentir Su dolor por las consecuencias de abrazar las tradiciones de los hombres. Durante semanas, luché con cómo deshacerme de estas tradiciones de mi vida. Esto sucedió mientras preparaba décadas de material que había reunido para escribir *Vine a Dar*.

Entonces, una noche, Dios me despertó de mi sueño. Me mostró el enorme sufrimiento generacional que padecieron aquellos que llevan Su imagen, como resultando de la adopción por parte de la iglesia de la cosmovisión económica del hombre. Luego, me dejó ver a millones de personas como lo Él las veía: hombres, mujeres y niños individuales hechos a Su imagen cuyas vidas fueron destruidas a veces de maneras horribles por los espíritus de control y competencia y los sistemas económicos mundanos que ocupan. Luego me reveló que yo veía a esas preciosas personas como simples personajes de una historia que abarcaba un largo arco de la historia. Sus sufrimientos eran meramente "estadísticas" e "historias" que demostraban la tesis de mi libro.

Entonces sucedió. En ese momento, Dios me bautizó en angustia. Durante las siguientes horas, sollocé incontrolablemente. No solo participé en las tradiciones destructivas, sino que incluso después de "verlas" y lo que le hicieron a la humanidad, *elegí el dolor del mundo*. A pesar de conocer durante años el horrible sufrimiento que experimentó la humanidad a manos de los reyes de la tierra, no me permití sentir el dolor de *Dios* por ello.

Ola tras ola de angustia desaguaron sobre mí. La única palabra para describirlo es *incesante*. Por la mañana, estaba física, emocional y espiritualmente gastado. Durante casi veinte años, había llevado la "causa" de la restauración económica en mi corazón. Sin embargo, no fue hasta que experimenté el dolor piadoso que me arrepentí y resolví pasar el resto de mi vida trabajando con Dios para poner fin a esta injusticia.

Comparto esto con ustedes porque el poder del arrepentimiento nacido del dolor piadoso me llevó a ir más allá de lo académico y la erudición bíblica y a buscar el corazón de Dios mientras escribía *Vine a Dar*. Fue el escribir ese libro donde aprendí que cuando eres bautizado en angustia, ninguna arma formada por el hombre puede disuadirte de perseguir a Dios y Sus caminos.

Sin embargo, algo extraño también sucedió. Si bien mi dedicación vino a ser inquebrantable, mi sentido de urgencia de "¡termínalo ahora!" se desvaneció. En cambio, me comprometí a hacer lo mejor para descansar en la fuerza de Dios, seguir Su guía y someterme a Su línea de tiempo. Hacerlo me dio la perspectiva necesaria para escribir un capítulo en *Vine a Dar* titulado "El Juego a Largo Plazo". En él, vemos que Dios suele tener un plazo mucho más largo que el nuestro para cumplir su voluntad. Sometemos al tiempo de Dios asegura que nuestra pasión no fortalezca al enemigo debido a nuestra inmadurez, ignorancia o impaciencia—incluso frente a la continua injusticia.

Al mismo tiempo, por favor, no pienses que estoy sugiriendo que abrazando el juego a largo plazo significa permanecer pasivo. Por el contrario, simplemente reconoce que cuando Dios obra a través de Su pueblo para lograr la transformación en la escala que buscamos, generalmente es un proceso y no un evento. En ese proceso, Dios está trabajando en múltiples frentes y en múltiples vidas. En un momento específicamente designado, Él nos revela lo que Él quiere. Es Su manera de poner límites[105] a nuestro alrededor para evitar que nuestro celo interfiera con Sus resultados deseados.[106]

Párate en La Oración

Asociarse con Dios para transformar el sistema mundial de gestión de valores requiere que nuestra vida de oración vaya a un nivel completamente nuevo. Lo que estamos tocando en el reino espiritual

---

[105] https://www.gostrategic.org/bottom-line-archive/principle-nine-limits/
[106] Romanos 10:2

está custodiado por algunos de los niveles más altos de príncipes y principados que Satanás tiene a su disposición.

Como tal, no puedo cubrir adecuadamente el tema de la oración en este libro. En cambio, sepas que estamos trabajando con ministerios de oración bien establecidos en estrategias específicas para la ekklesia local a medida que ingresan a esta asignación. Dicho esto, para aquellos que están a la vanguardia de la transformación económica de la comunidad local, es esencial buscar a aquellas personas que Dios ha preparado para unírsete en tu trabajo.

Es probable que algunas relaciones clave provengan de amigos, familiares y tu círculo relacional interno. Sin embargo, te animo a que abras tu corazón a aquellos que están fuera de tu esfera de influencia relacional existente. Algunos de los "—primeros intervinientes" que Dios usó para ayudar a formular la visión y las estrategias que se encuentran en este libro surgieron de la nada. Otros eran personas que conocía pero que no creía que alguna vez estarían interesadas en un proyecto "económico". Conectarme con ellos ha sido una tremenda bendición que no anticipé. Sin embargo, ¡qué más debería haber esperado de un Dios que se deleita en proveer en abundancia y en Su manera magnifica!

Por supuesto, todos los que se adentren en este proyecto encontrarás resistencia. El enemigo es relativamente predecible en el sentido de que reclutará los espíritus de control y competencia a intentará de crear una división en tu familia y tu lugar de trabajo. Es justo lo que hace. La buena noticia es que ahora tienes ojos para ver esta actividad, y entiendes su fuente. Eso por sí solo es una victoria en la arena de la guerra espiritual.

Conócete a Ti Mismo

En un capítulo anterior hice referencia a esta cita de Sun Tzu en *The Art of War [El arte de la guerra]*. Lo repito aquí porque se aplica a cada persona individualmente en el contexto de este capítulo.

"Si conoces al enemigo y te conoces a ti mismo, no necesitas temer el resultado de cien batallas. Si te conoces a ti mismo, pero no al enemigo, por cada victoria obtenida, también sufrirás una derrota. Si no conoces ni al enemigo ni a ti mismo, sucumbirás en cada batalla."

Cuando comenzamos a hacer una diferencia tangible en la vida de los demás, el enemigo se da cuenta. Liberar a las comunidades locales para que puedan establecer una "soberanía económica" basada en los principios económicos de Dios trasladará la batalla a un terreno en el que la mayoría no ha pisado antes. Sin embargo, la buena noticia es que se trata de un campo de batalla en el que el enemigo ha demostrado ser vulnerable. Estamos aquí para ayudarte a reconocer las estrategias de defensa del enemigo en este terreno y para reclutar a otros guerreros que te ayuden a desarrollar tus propias estrategias ofensivas.

Conocer a tu enemigo es sólo el comienzo. También debes evaluar tus fortalezas y debilidades personales. En este proceso de autoexamen, debes ser brutalmente honesto. Debido a la naturaleza de lo que estamos tocando en el ámbito espiritual, no puedes ocultar el pecado del que te avergüenzas ni la debilidad que estés demasiado orgulloso de admitir. Si los dejas sin contabilizar, existe un 100% de posibilidades de que Satanás los use para sabotear la credibilidad y la eficacia del equipo que Dios reúne para esta obra en tu comunidad.

Sin embargo, antes de comenzar para avanzar en este proyecto en tu comunidad, debes acercarte a Dios como lo hizo David en el Salmo 51. Reconoció que no estaba capacitado para liderar hasta que confesó su pecado y debilidad y pasó un tiempo considerable buscando el arrepentimiento y la restauración. Si has tropezado, no lo descalifica del servicio. Sin embargo, significa que, hasta que hayas sido completamente restaurado, debes pasar el batón del liderazgo a otra persona mientras completas tu arrepentimiento. Lo que está en juego es demasiado alto como para permitir que el pecado de una persona se convierta en el punto de entrada para que Satanás robe, mate o destruya años de trabajo hacia la transformación de la comunidad a largo plazo.

Ahora que ya hemos superado esa conversación incómoda, pasemos a algo más positivo. He sido bendecido con una red de personas y organizaciones que pueden brindarle herramientas para ayudar a tu equipo a ser unificado y eficaz en este trabajo. Podemos ayudar a cada persona de su equipo a descubrir el papel que Dios quiere que desempeñe en el proyecto y luego unirlos con un propósito común.

Saca la Basura

Conectarse con los demás a través de la tecnología ha dado a las personas más oportunidades que nunca para involucrarse en proyectos "buenos". Entre causas dignas, horarios de los niños, redes sociales, trabajo y tiempo familiar de calidad, la mayoría de las personas tienen su tiempo "moneda" completamente asignado. Para concentrarse en lo que Dios te ha llamado en esta temporada, debes re acceder a tus prioridades, posiblemente de manera profunda. Una simple pregunta te ayudará a determinar qué tan profundo puede ser el cambio.

"¿Dónde están las tradiciones de los hombres agotando mi moneda de tiempo?"

Esta pregunta requiere una voluntad de ver cosas que tal vez no quieras ver. Obtener una respuesta honesta solo sucederá a través de un período de oración sincera, humilde y con un propósito definido. No es fácil enfrentar las tradiciones de los hombres en nuestras vidas. Les indicaré tres lugares específicos donde suelen establecerse.

- Actividades que se realizan principalmente por costumbre. Estas actividades aportan un valor mínimo a tu vida, en el mejor de los casos. Permanecen en tu vida simplemente debido a una poderosa ley de la física que es tan real en el mundo espiritual como en el físico. Inercia.

- Actividades que se consideran "buenas", pero que no están en consonancia con los dones y talentos que Dios te ha dado. Estas actividades impiden que alcances lo "mejor" que Dios tiene para ti.

- Actividades que no están en sintonía con una verdadera cosmovisión bíblica. Estas son las que abrazas porque encajan con las normas culturales aceptadas. En realidad, son trampas que roban "moneda del tiempo" a ti y a tu familia.

Mi amigo, vivimos en un período crítico de la historia. Dónde decide invertir su tiempo en los próximos años determinará la trayectoria de su familia y su comunidad durante generaciones. Hace varios años, leí un libro que me ayudó a tomar en serio el proceso. Se llama *Essentialism: The Disciplined Pursuit of Less [Esencialismo: La Disciplinada búsqueda del Menos]*, de Greg McKeown. Abre el libro con una verdad sucinta, capturada en tres palabras alemanas: weniger aber bester—menos pero mejor. Como él lo explica...

"El camino del esencialista rechaza la idea de que podemos encajarlo todo. En cambio, requiere que lidiemos con compensaciones reales y tomemos decisiones difíciles. En muchos casos, podemos aprender a hacer decisiones únicas que hacen mil decisiones futuras, para que no nos agotemos haciendo las mismas preguntas repetidamente. El camino del esencialista significa vivir por diseño, no por defecto. En lugar de tomar decisiones reactivamente, el esencialista distingue deliberadamente a los pocos vitales de los muchos triviales, elimina los no esenciales y luego elimina los obstáculos para que las cosas esenciales tengan un paso claro y suave. En otras palabras, el esencialismo es un enfoque disciplinado y sistemático para determinar dónde se encuentra nuestro punto más alto de contribución, y luego hacer que la ejecución de esas cosas sea casi sin esfuerzo." [107]

McKeown afirma sin rodeos: "Si no priorizas tu vida, alguien más lo hará". Y todos sabemos quién es ese "alguien". Lo último que quieren los enemigos de Dios es que reconozcamos el desperdicio y saquemos la basura. Ellos desean que la basura no solo se quede, sino que poco a poco empiece a pudrirse y a oler mal hasta que nos volvamos "insensibles al olor". Él puede agregar nuevas tradiciones al "montón" sin que nos demos cuenta. Desafortunadamente, amigos,

---

[107] Greg McKeown, *Essentialism*, 2014, 7

familia y vecinos rara vez pueden ayudarnos porque, en muchos casos, ellos también están insensibles al olor de su propio montón de tradiciones de los hombres que está pudriendo.

Al comprometerse a un período de reflexión tranquila, es como removerte a ti mismo de la habitación donde se ha acumulado la basura, para que Dios pueda limpiar tus fosas nasales. Al principio, cuando vuelves a entrar, percibes un olor a esas tradiciones. Después de un tiempo te golpea. Oh... guau. Reconozco ese olor. Entonces es cuando puede comenzar a sacar la basura de manera intencional y sistemática.

Al igual que en la vida real, la eliminación de la basura es una tarea semanal. A muchos de nosotros nos cuesta decir "no". Cada "sí" equivocado a actividades que no son rentables o a la reintroducción de las tradiciones del hombre permite que se acumule nueva basura. Sin embargo, con su nuevo sentido del olfato, es más fácil reconocer el olor y tratarlo de manera oportuna.

McKeown lanzó un segundo libro se llama *Effortless: Make It Easier to do What Matters Most [Cómodo: Haz Fácil Hacer lo que Importa Más]*. Es una digna secuela de *Essentialism [Esencialismo]* y en la primera página comienza con una cita de Jesús: "Mi yugo es fácil y mi carga es ligera. - Mateo 11:30." Este libro ofrece consejos prácticos sobre cómo manejar la vida sin la basura. Te ayuda a aplicar la sabiduría, ritmo y el marcar el paso para que tu asociación con Dios se sienta "sin esfuerzo". Recomiendo encarecidamente ambos libros a cualquiera que se tome en serio la maximización de su impacto en su familia, iglesia y comunidad durante esta etapa de su vida.

Prepárate para Entrar en el Gran Debate

Cualquier esfuerzo para hacer cambios sustanciales en los sistemas que guían el comportamiento humano, ya sea a nivel global, nacional, estatal o local, será desafiado. Por lo tanto, es prudente que la mayoría de las personas que participarán en la transformación económica de su comunidad comprendan las reglas básicas de la lógica y el debate. Al comenzar esta discusión, permítanme ser claro. Nuestro objetivo no es programar un lugar y desafiar a nadie a un debate público formal y moderado sobre política económica (aunque para algunos de ustedes, eso podría ser divertido).

El "Gran Debate" al que me refiero en mis libros está más de una "discusión" pública sobre lo que es mejor para una comunidad local. Por lo tanto, para nuestros propósitos, de aquí en adelante se utilizará el término "discusión" en lugar de "debate". Esto, de por sí, indica que debemos ser prudentes en la estrategia lingüística que utilicemos para abordar públicamente estas ideas de una manera que no resulte amenazante.

Desafortunadamente, vivimos en una era en la que el lenguaje se utiliza para crear confusión. Lógica y la razón se devalúan, si no se ignoran por completo. Carl R. Trueman aborda cómo llegamos a este triste estado en su libro *The Rise and Triumph of the Modern Self [El Levantamiento y Triunfo del Yo Moderno]*. Revela cómo, con el tiempo, los enemigos de Dios redefinieron intencionalmente los términos y ampliaron su alcance en una "discusión" pública sobre el tema de la "identidad de género".

Como aprendimos en el capítulo seis, han logrado sus objetivos con resultados devastadores. Los enemigos de Dios han impulsado estratégicamente su agenda redefiniendo palabras. Esta táctica obliga al público en general a determinar a) si está de acuerdo con la nueva definición y b) si esta nueva agenda es beneficiosa o perjudicial para la cultura. Para cuando llegan a una conclusión, ya es demasiado tarde. Sin que se den cuenta, se ha establecido una nueva norma cultural. Todo esto ocurre de forma intencionada.

Mientras tanto, aquellos que se atreven a cuestionar la nueva norma se apresuran a enmarcar su posición en términos que el público pueda entender. Tienen dos opciones. Usar muchas palabras para tratar de aclarar su posición, o mantenerse firme en la definición tradicional al entrar en la discusión.

Con demasiada frecuencia, las ekklesia elige lo primero. No sólo nuestra presentación poco pulida y verbosa contribuye a la confusión pública, sino que también concede una victoria innecesaria a los enemigos de Dios. Una mejor estrategia es señalar la confusión reivindicando y articulando claramente la definición tradicional de los términos utilizados. Luego, usar los términos en un contexto con el que aquellos a quienes se está tratando de persuadir estén familiarizados. El beneficio de adoptar este enfoque es que inmediatamente creas un marcado contraste entre tu posición y la de tu oponente. Los caminos de Dios frente a los caminos del hombre.

Un ejemplo de cómo funciona esto es el uso que hace el Foro Económico Mundial de las palabras "partes interesadas" y "capitalismo" para describir su visión de un nuevo sistema económico global. En sus artículos en línea, las utilizan en un contexto aparentemente inofensivo. Incluyen a los ciudadanos del mundo y al medio ambiente en la lista de partes interesadas que consideran al establecer su agenda.

Todo eso está muy bien. De hecho, coincidimos con ellos en este punto. Sin embargo, al examinar el conjunto de su obra, especialmente sus escritos menos conocidos, se descubre su verdadera intención. Si bien critican que los principales beneficiarios del capitalismo sean los accionistas que buscan ganancias, *los principales* "interesados" en el "capitalismo de las partes interesadas" son los gobiernos globales y las corporaciones multinacionales, que no solo buscan ganancias, sino también *control*.

El FEM pretende servir a estas partes interesadas permitiéndoles *"posean"* casi todos los activos, que supuestamente gestionarán benévolamente "para el beneficio de la humanidad". Los otros "partes interesadas" en su agenda económica—la población en general—"no poseerán nada y serán felices".

Al mantenernos firmes en las definiciones tradicionales de las palabras, podemos un fuerte contraste entre su agenda y la nuestra. Nuestro sistema económico empodera la mayordomía de los recursos por parte de los ciudadanos locales para asegurar y proteger el bienestar de nuestros vecinos. Nuestros principales "partes interesadas" son los ciudadanos desfavorecidos y las unidades familiares tradicionales de nuestras comunidades locales. La ekklesia debería dar la bienvenida a un "debate" público sobre qué sistema económico beneficiará más a la humanidad. En él podemos contrastar claramente estos dos grupos de partes interesadas y los resultados resultantes de nuestros resultados sistemas propuestos.

En Conclusión

Recuerdo las palabras de Samuel Adams, uno de los padres fundadores de los Estados Unidos. Él dijo famosamente: "No se necesita una mayoría para prevalecer, sino más bien una minoría furiosa e incansable, interesada en encender fuegos de libertad en las mentes de los hombres." El proyecto que tenemos por delante es una empresa seria. No está en la escala de la Revolución Americana. *Es mayor*.

Esta es la Gran Restauración de Dios. Este movimiento global surgirá una comunidad a la vez a medida que la ekklesia local comience a incendiar las mentes de sus vecinos. Si sientes que Dios te está llamando a ser una parte de esto, el próximo capítulo le muestra cómo comenzar. Si esta no es tu vocación, entonces tal vez Dios puso este libro en tus manos porque conoces a alguien a quien Él está llamando. Podemos consolarnos con el hecho de que Dios sabe a quién ha llamado a esta obra. Después de todo, la obra es Suya, no nuestra. La línea de tiempo es suya, no nuestra. Los caminos son suyos, no nuestros.

Simplemente nos está invitando a encender un fósforo.

Capítulo 12

Involucra Tu Comunidad

"El reino de los cielos es semejante a la levadura que una
mujer tomó y escondió en tres medidas de harina hasta que
todo quedó fermentado."
Mateo 13:33

Durante la próxima década, el mundo se transformará de maneras y a un ritmo que apenas podemos comprender. Históricamente, aquellos que se benefician más de los grandes cambios culturales son los que tienen ojos para ver las tendencias en desarrollo. A través de una palabra profética, estudiando precedentes históricos, aplicando el sentido común o una combinación de los tres, se posicionaron a sí mismos, a sus familias y a sus comunidades para prosperar en lo que otros describirían como caos.

Aquellos que están hambrientos de poder tienden a declaran la oportunidad de manera bastante cínica. "Nunca dejes de aprovechar una buena crisis". Aprovechan el miedo para manipular a las personas para que acepten "soluciones" que sirvan para aumentar su propio poder y control. Sin duda, escucharemos la misma canción cuando su fallando "Gran Reset" se derrumbe a su alrededor en los próximos años.

A medida que se desesperan más y aumenta el temblor, la ekklesia debe elegir cómo responder. Desafortunadamente, históricamente, cuando el temblor se debe a la agitación económica, la falta de una cosmovisión económica bíblica hace que la mayoría de los pastores se queden en el modo de triaje. Se concentran en cuidar a las familias de sus rebaños que están devastadas por el fracaso de los sistemas del hombre. Tenemos un enfoque diferente.

Armado con una nueva cosmovisión económica, vamos a la

ofensiva.

No hay mejor momento que ahora para establecer la ekklesia local como la sal, la levadura y la luz que traerán una transformación duradera en *todas las áreas* que afectan a las familias en nuestras comunidades locales, incluido el sistema que gestiona la creación y el intercambio de valor.

- *Sal.* La cultura de cada comunidad tiene un "sabor" único. Establecer los principios de Dios agregará la dosis adecuada de sal para mejorar la calidad de vida de todos los ciudadanos.

- *Levadura.* La creación de pequeños puestos avanzados de la cultura del Reino establece una presencia que, a través de los años, impregnará y transformará la comunidad.

- *Luz.* A medida que los seguidores de Jesús comiencen a hacer micro depósitos de bienestar en sus conciudadanos, cada luz brillará un poco más brillante, eventualmente abrumando la oscuridad.

Imagine el impacto que la ekklesia tendrá cuando se convierta en sal, levadura y luz en los próximos años. En las Escrituras encontramos un ejemplo de cómo puede manifestarse esto. Como recordarán del capítulo nueve, durante la vida de Jesús, el Imperio Romano sufría una incipiente crisis económica. Esta crisis culminó en el año 33 d. C., cuando Roma entró en una depresión económica.[108]

En medio de la agitación política y la escasez económica, el Espíritu Santo activó una mentalidad de abundancia en un grupo de personas que vivían una vida radicalmente nueva que apenas comprendían. Trabajando juntos, reasignaron los recursos disponibles para cubrir las necesidades básicas de todos. Invitaron a sus vecinos a los parqués donde realizaban micro depósitos en la vida de los demás,

---

[108] *The Financial Crisis of 33 A.D.*, American Journal of Philology, 336-341; https://philpapers.org/rec/FRATFC

fortaleciendo su bienestar emocional, físico y espiritual. Prosperaron y crecieron en número porque abrazaron el modelo económico que Jesús enseñó y *vivió*.

Sobre esa base, transformaron el mundo por completo.[109] Hoy tenemos la misma oportunidad. Audazmente, pero con humildad, debemos abrazar los principios económicos de Dios, al adentrarnos en un entorno político y económico similar al que experimentó la iglesia primitiva. Al igual que ellos, nosotros también podemos prosperar en estos tiempos, buscando vivir una vida sencilla y colaborando con Dios para extender Su Reino.

> "Mas en cuanto al amor fraternal, no tenéis necesidad de que nadie os escriba, porque vosotros mismos habéis sido enseñados por Dios a amaros unos a otros; porque en verdad lo practicáis con todos los hermanos que están en toda Macedonia. Pero os instamos, hermanos, a que abundéis en ello más y más, y a que tengáis por vuestra ambición el llevar una vida tranquila, y os ocupéis en vuestros propios asuntos y trabajéis con vuestras manos, tal como os hemos mandado; a fin de que os conduzcáis honradamente para con los de afuera, y no tengáis necesidad de nada."
> 1 tesalonicenses 4:9-12

La base de este modo de vivir requiere un liderazgo sabio y dedicado. En el capítulo siete presenté dos "consejos" que pueden brindar estructura a una ekklesia local para servir a su comunidad. Los miembros de estos consejos entenderán los tiempos y sabrán qué hacer. Comprenden su función gubernamental y formularán y ejecutarán estrategias para lograr la transformación.

Llamamos estos consejos el Consejo de Oración Ekklesia y el Consejo de Acción Comunitaria. Aunque se les puede llamar de diferentes maneras, algunas comunidades ya cuentan con una forma de uno o ambos consejos que funcionan de alguna manera. Mi propósito aquí no es ser dogmático en cuanto a estructuras y nombres, sino más

---

[109] Hechos 17:6

bien crear un marco de liderazgo a partir del cual pueda prosperar una transformación comunitaria exitosa y duradera.

El Consejo de Oración Ekklesia

Recordemos del capítulo siete que la función de este concilio es discernir las prioridades, proyectos, planes y procesos de Dios y asesorar al Consejo de Acción Comunitaria (CAC). Idealmente, uno o más miembros del Consejo de Oración Ekklesia servirán en el CAC local. Ellos transmitirán sus revelaciones del Espíritu Santo para ayudar a establecer las prioridades adecuadas. Luego, corresponderá al CAC definir los proyectos, planes y procesos para lograr los resultados deseados.

Muchas comunidades ya cuentan con un grupo de personas que oran por los asuntos de su comunidad. El Consejo de Oración de Ekklesia asignará equipos de oración específicos para atender necesidades concretas. Un equipo se centrará en la oración estratégica y legislativa, mientras que el otro brindará oración táctica y personal. Estas dos funciones complementarias son esenciales en la batalla espiritual que rodea la transformación de la comunidad y concentrarán sus esfuerzos en áreas clave.

- El Consejo de Acción Comunitaria. Los líderes necesitan apoyo en oración. Quienes desafían uno de los sistemas más estratégicos y celosamente protegidos de Satanás requieren una concentración intensa. Ellos, y sus familias, necesitarán ser sostenidos en oración para recibir sabiduría, discernimiento y protección. Además, necesitan comprender la sabiduría y las estrategias de Dios que serán efectivas en las circunstancias particulares de su comunidad.

- Líderes de iglesia. Lo último que Satanás quiere es que los pastores enseñen los principios económicos de Dios como parte de una cosmovisión bíblica. Los líderes de iglesia requerirán intercesión para que tengan corazones abiertos, mentes abiertas y unidad, mientras el Espíritu Santo los mueve a abrazar los caminos radicales de Dios.

- Cultivadores de Identidad. Los sistemas económicos y monetarios tocan numerosas fortalezas espirituales en cada comunidad. Ellos incluyen enfermedades mentales y físicas, relaciones disfuncionales, pecado generacional, y el espíritu de orfandad. Aquellos miembros de la comunidad que tienen las habilidades necesarias para asegurar y proteger el bienestar emocional, físico y espiritual de los ciudadanos necesitan el apoyo en oración de los intercesores.

- Por último, pero ciertamente no menos importante, es un grito por la liberación del amor abrumador de Dios a su comunidad.[110]

"Y no solo esto, sino que también nos gloriamos en las tribulaciones, sabiendo que la tribulación produce paciencia; y la paciencia, carácter probado; y el carácter probado, esperanza; y la esperanza no desilusiona, porque el amor de Dios ha sido derramado en nuestros corazones por medio del Espíritu Santo que nos fue dado."
Romanos 5:3-5

"El amor no hace mal al prójimo; por tanto, el amor es el cumplimiento de la ley."
Romanos 13:10

"Y ahora permanecen la fe, la esperanza y el amor, estos tres; pero el mayor de ellos es el amor."
1 corintios 13:13

"Todas vuestras cosas sean hechas con amor."
1 corintios 16:14

"Porque vosotros, hermanos, a libertad fuisteis llamados; solo

____

[110] 1 corintios 13

que no uséis la libertad como pretexto para la carne, sino
servíos por amor los unos a los otros. Porque toda la ley en una
palabra se cumple en el precepto: AMARÁS A TU PRÓJIMO
COMO A TI MISMO."
Gálatas 5:13-14

Los equipos de intercesores de una comunidad deben orar para que
el amor de Dios invada todos los aspectos de la vida comunitaria
comenzando por:

- Familias en la comunidad. Poner fin a la rivalidad entre
  hermanos y curar las heridas creadas por la disfunción de
  la cultura posmoderna de hoy.
- Corazones de líderes empresariales. Transformar la forma
  en que ven el mercado como un medio para servir a su
  comunidad y administrar los recursos que su negocio
  produce, en primer lugar y sobre todo, para hacer avanzar
  el Reino de Dios.
- Corazones de líderes gubernamentales cívicos. Deben
  practicar un liderazgo de servicio y vencer el espíritu de
  control de cada posición de autoridad civil en la
  comunidad.
- Pastores, consejeros y los que Dios ha colocado para
  administrar los parqués que protegen y redimen la
  identidad humana.
- Los ciudadanos de la comunidad, para que puedan
  intencional y constantemente hagan depósitos de
  bienestar emocional, físico y espiritual en las vidas de
  todos los que conocen. ¡No podemos comprender el
  impacto acumulativo de este acto a lo largo del tiempo!

El éxito a largo plazo de cada comunidad depende de un Consejo
de Oración Ekklesia fuerte y funcional, que apoye y supervise a un
grupo comprometido de intercesores. Cada equipo comprenda la
singularidad de su comunidad y cómo pueden trabajar juntos para

lograr una transformación increíble que se extiende más allá de la economía local.

El Consejo de Acción Comunitaria

Los Consejos de Acción Comunitaria son los equipos "soldados con las botas puestas" en las comunidades locales que crea coaliciones para implementar iniciativas en la comunidad. Es donde las relaciones y la estrategia celestial se unen para manifestar las prioridades y planes de Dios. Los siguientes atributos caracterizarán a la mayoría de los CAC:

1. Ocasionalmente, a los miembros de CAC les resultará ventajoso organizarse bajo una estructura formal como una organización sin fines de lucro. La mayoría, sin embargo, optará por renunciar a la formación de una organización y simplemente aceptará reunirse regularmente.

2. Los CAC incluirán líderes experimentados que se han ganado la confianza y el respeto de la comunidad. Esto no quiere decir que los líderes nuevos o más jóvenes no puedan servir en un CAC. Al contrario. Queremos que los jóvenes líderes sean participantes activos. Sin embargo, los lideres establecidos le darán credibilidad al consejo, lo cual es fundamental para la adopción generalizada de sus recomendaciones.

3. Los CAC incluirán líderes de negocios, gobierno civil y la comunidad basada en la fe. Estas tres esferas principales de influencia impulsan el cambio social y económico.

4. Los CAC incluirán a aquellos que conocen la historia de la comunidad desde una perspectiva relacional y espiritual. Ellos ayudarán al consejo a anticipar los posibles conflictos derivados de alianzas y facciones. También ayudarán el Consejo de Oración Ekklesia a descubrir fortalezas espirituales.

5. Los líderes de los CAC practican el poder basado en el servicio, que se fundamenta en el amor por las personas con las que viven. Estos líderes darán prioridad, naturalmente, cuidar a los huérfanos

reales y espirituales de la comunidad y desearán crear un camino para que vivan una vida digna. Por lo tanto, *no se debe permitir que los líderes con un historial de comportamiento egoísta sirvan en un CAC*. Socavarán, si no destruirán, los esfuerzos del consejo a largo plazo.

6. Los líderes de CAC pueden pensar fuera de la caja y tomarán riesgos medidos. Esta es una necesidad para cualquiera que tenga la intención de abrazar los caminos radicales de Dios. Es probable que los líderes que siempre se han mostrado reacios a las nuevas formas de hacer las cosas no sean capaces de llevar a cabo las medidas necesarias cuando llegue el momento de tomar un camino radical.

Las siguientes son algunas de las responsabilidades clave de un CAC.

1) Educar: Los influenciadores clave del equipo deben entender su jurisdicción dada por Dios sobre el desarrollo económico local. Deben ser capaces de comunicar y defender los principios económicos de Dios tanto en entornos públicos como privados. Su capacidad de comunicación actuará como un catalizador, a medida que los ciudadanos de la comunidad comiencen a comprender y adoptar los principios y los caminos de Dios.

2) Haga inventario: Dios ha pre-posicionado los activos humanos y materiales en cada comunidad para apoyar y avanzar el proyecto. La responsabilidad del CAC es identificar estos activos y desplegarlos estratégicamente.

Estos activos incluyen:

- Personas y organizaciones que promueven el bienestar emocional, físico y espiritual. El CAC debe priorizar el desarrollo de relaciones con aquellos a quienes Dios ha destacado para realizan esta función vital.

- Asociaciones cooperativas existentes: Estos pueden ser cualquier combinación de empresas locales, organizaciones religiosas y el gobierno local de la ciudad. Serán puntos de entrada naturales para la adopción de los principios económicos de Dios, ya que ya han adoptado el principio de cooperación.

- Infraestructura tecnológica: Esto determinará si es posible la implementación de alta tecnología de un nuevo sistema económico o si se debe implementar una opción de baja tecnología.

- Equipo administrativo: Establezca relaciones con contadores y abogados con una visión acorde a los principios del Reino de Dios, que comprendan las estructuras corporativas y los fideicomisos. Es posible que se les solicite formalizar una estructura para administrar el nuevo sistema de gestión de valor.

- Gobierno civil: Los estatutos y ordenanzas civiles estatales y locales pueden ayudar u obstaculizar la implementación de un nuevo sistema de gestión de valores.

- Influenciadores clave: Cada comunidad tiene individuos y organizaciones que influyen en la opinión pública. Tener al menos algunos de ellos participando en el proyecto es esencial. Entre ellos se incluyen:
  - Pastores con el coraje de abrazar los caminos de Dios.
  - Reporteros o editores de periódicos locales.
  - Líderes del gobierno civil.
  - Propietarios de negocios locales en grupos demográficos clave.
  - Productores y mercados de alimentos locales.
  - Los propietarios de tierras, particularmente aquellos con una presencia de múltiples generaciones.

3) Reclutar líderes de la generación próxima: Su valiosa visión debe incluirse desde el principio. Jóvenes líderes no tienen miedo de un cambio. De hecho, lo exigen. Están preparados y listos para la Gran Restauración. Muchos amarán a Jesús, pero no quieren tener nada que ver con la iglesia tradicional. Los miembros del CAC deben facilitarla cooperación entre los líderes de cada generación, reuniéndose con ellos donde se encuentren y estableciendo relaciones basadas en el amor, la comprensión y el respeto mutuo.

Por favor, comprende que normalmente se necesita tiempo para construir un CAC efectivo. Quienes están llamados a crear un equipo deben ser intencionales, pero pacientes. Es más importante desarrollar la unidad y la alineación que llenar los vacíos con conjuntos de habilidades específicas. Comience por pedirle a Dios que identifiqué a la primera persona que Él ha reclutado para el equipo. Luego, genera confianza. Repita el proceso para la segunda persona, luego para la tercera. Construir el equipo de esta manera ayudará a garantizar que funcione como Dios destinó, mientras administra los asuntos de la comunidad para avanzar Su Reino.

Crear una Estrategia para el Éxito

Uno de los beneficios de servir en el Statesmen Project y Rebuilders Network es tener acceso a docenas de hombres y mujeres que han invertido décadas en facilitar la transformación exitosa de la comunidad. Siguiente es un ejemplo de la sabiduría obtenida de una organización en el Condado de Sonoma dirigida por Adam Peacocke y su equipo en FeatherVine. Su misión es "cultivar expresiones de fe y fidelidad en la iglesia unida del condado de Sonoma".

Adam ha experimentado las alegrías y angustias de treinta años de proyectos de transformación comunitaria. Hoy en día, varias comunidades han creado una mezcla única de miembros y estructuras organizativas que ahora forman una red del Consejo de Acción Comunitaria en todos los condados. Trabajando juntos, han visto el Reino de Dios avanzar de maneras inesperadas. Aunque ahora disfrutan de nuevas oportunidades para servir a su cordado, su progreso no ganó impulso hasta que hubo un giro de mentalidad inspirado por el Espíritu Santo. Ahora abordan iniciativas de transformación comunitaria basadas en cuatro **principios clave.**

1. **Mover la iglesia a la comunidad**. Durante cincuenta años, las iglesias locales llevaron a cabo programas de "alcance comunitario" con la intención de atraer gente a sus iglesias. Todos estarán de acuerdo en que una red creciente y vibrante de iglesias locales es buena. Sin embargo, el equipo de FeatherVine descubrieron que cambiar su mentalidad de "traer gente" a "salir a servir" aceleró dramáticamente transformación de la comunidad.

   Desafortunadamente, no fue hasta que los devastadores incendios arrasaron el Condado de Sonoma en 2017 que el liderazgo de la iglesia adoptó este nuevo enfoque a gran escala. Adam señaló: "Dios no usó los fuegos para traer a la gente de vuelta a la iglesia. En cambio, lo usó para crear un cambio de paradigma en el pensamiento". Los siguientes tres principios explican este cambio.

2. **Mantener una presencia persistente**. En lugar del método tradicional de organizar eventos públicos o abordar una necesidad pública visible, las iglesias locales comenzaron a invertir en la construcción de relaciones a lo largo del tiempo con otros líderes de la comunidad. Simultáneamente, se esforzaron por ver y responder a las necesidades de la comunidad que a menudo se pasan por alto. Hicieron cosas sencillas, como presentarse en las escuelas todas las semanas *durante años* y entregar una caja de donas para que los maestros disfrutaran en su descanso. Reemplazaron una red de baloncesto faltante en el patio de una escuela sin decir una palabra. El compromiso de hacer consistentemente las pequeñas cosas en lugar de tratar de pegar un jonrón a través de un "avivamiento de la carpa" anual o un "día de diversión familiar" ha pagado enormes dividendos.

   En su libro, *Effortless - Make it Easier to Do What Matters Most [Cómodamente – Haz Fácil Hacer lo que Más Importa]*, Greg

McKeown describe por qué funciona este enfoque. Utilizó el ejemplo de dos equipos que intentaron completar el primer viaje al Polo Sur. En un equipo, el capitán llevó a sus hombres al agotamiento cuando el clima era bueno y se acurrucó en los días en que el clima era terrible. El otro capitán adoptó un enfoque diferente. Estableció la meta de que el equipo avanzara quince millas cada día. Ni más ni menos. El primer equipo murió en la tundra congelada. El segundo equipo llegó con éxito al Polo Sur y regresó a casa. McKeown resume el punto así:

"Lento es suave. Suave es rápido."

Cuando entramos en el juego largo con un consejo de líderes comprometidos a mantener una presencia pública persistente en su comunidad, producirá los resultados que deseamos a largo plazo.

3. **Pasar de las reuniones al movimiento**. Cualquier líder reconoce que, si bien las reuniones son necesarias, pueden ser demasiado programadas y contraproducentes. Adam señala que, en la mayoría de las reuniones, nos miramos "cara a cara" a través de una mesa o en una pantalla de Zoom. Sin embargo, su equipo descubrió que, para servir mejor a su comunidad, tenían que cambiar su enfoque a lo que Adam llama reunión "de oreja a oreja". Esto es cuando los líderes se "encuentran" mientras caminan juntos por las calles y buscan el corazón de Dios para la comunidad.

Un ejemplo de cómo funciona esto se encuentra en el área metropolitana de Kansas City, donde varias docenas de iglesias participan en un movimiento conocido como Unite KC.[111] Su sitio web explica:

"Nacido de la convicción de pelear contra el mal con el bien, UNITE KC se enfoca en tomar medidas que impulsen la

---

[111] https://unitekc.org/

transformación del corazón, construyan comunidad y, en última instancia, conduzcan a la sanidad racial. El viaje comienza con un paso. Un voluntario. Un proyecto. Un artículo leído. Una hora de servicio prestado. Una cosa buena."

Lento es suave. Suave es rápido. Dos o más personas que se unen en unidad, haciendo una cosa buena a la vez.

El movimiento nació del deseo de abordar una contaminación de tierras en Kansas City. A principios del siglo XX, los líderes de la comunidad aprobaron una serie de convenios de bienes raíces que intencionalmente limitaron las oportunidades para los negros y las minorías. Como resultado de estos pactos, el prejuicio generacional quedó profundamente arraigado en el tejido del área metropolitana de Kansas City. La línea divisoria de esos pactos era la calle Troost.

Ahora, cada verano, personas de iglesias del área metropolitana se reúnen en un campo de fútbol de práctica cerca de Troost Street. Los que viven al oeste de Troost se alinean en el lado oeste del campo. Los que viven en el lado este de Troost se alinean en el lado este del campo. Mi esposa y yo asistimos a este evento, y ahora entendemos por qué lo hacen. La composición racial de los que están a cada lado de la línea muestra que los efectos de estos acuerdos todavía están presentes hoy en día.

A continuación, un pastor negro y un pastor blanco se encuentran en el medio campo. Instruyen a todos para que se reúnan en el medio del campo y se presenten a la primera persona que conocen al otro lado. Después de unos minutos de mezclarse, todo el grupo abandona el campo y camina juntos durante aproximadamente una milla por la calle Troost. La acera está marcada con una línea de tiza roja en el medio, que representa la antigua línea divisoria. A medida que las personas comparten sus experiencias de vida, patean la línea de tiza fuera de existencia. La sanidad experimentada por la gente de la comunidad es tangible.

Este es solo un ejemplo de cómo los líderes de la iglesia "se mueven de oreja a oreja" vs. "se encuentran cara a cara" e invitan a sus rebaños a unirse a ellos. Reuniones como esta pueden ser grandes y simbólicas. O bien, pueden ser pequeñas y privadas. Lo que es importante es preguntarle al Espíritu Santo cómo quiere que las personas en cada comunidad lleven a cabo sus reuniones de una manera que genere unidad y alineación.

4. **Buscar el fruto del Espíritu**. Los tiempos serios pueden hacer que las personas sean serias. Sin embargo, no podemos olvidar que, si los caminos de Dios han informado nuestras estrategias, tácticas, planes y propósitos, la expresión plena del fruto del Espíritu estará presente.

   Adam señala que una forma de saber la presencia de Dios es "buscar a los danzantes". Estas son personas a las que Dios ha dado el don del gozo. Saben cómo celebrar la bondad de Dios en medio de los desafíos y reveses que seguramente vendrán. Los danzantes a menudo han sido bautizados en angustia. Después de emerger, no pueden restringir la alegría de dar su vida a una causa en particular. Desde ese día en adelante, danzan en presencia de Su bondad.

   Dios ha puesto danzantes en cada comunidad. Tal vez eres uno de ellos. Y si tu Consejo de Acción Comunitaria está lleno de danzantes, prepárate. A menudo son el viento que Dios usa para soplar un fueguito de hojas secas y convertirlo en un furioso incendio forestal.

En la mayoría de las comunidades, la adopción de cualquiera de estas cuatro prácticas de cambio de paradigma crea un cambio. El enemigo luchará contra él con todo lo que tiene debido a la amenaza que representa para él y su reino. Tenga la seguridad de que los Sanbalat y los Tobías se darán a conocer. "Esto es demasiado loco. Pruébalo y observa lo rápido que la gente se vuelve contra ti. No tienes lo que se necesita para lograr esto".

Un Consejo de Oración Ekklesia fuerte y dedicado y un Consejo de Acción Comunitaria se convertirán en el cortafuegos que se opondrá a tales mentiras.

La Gran Restauración está en Marcha

"Estas dos visiones del mundo [el teísmo judeocristiano y el humanismo secular] se erigen como totales en completa antítesis entre sí en contenido y también en sus resultados naturales, incluidos los resultados sociológicos y gubernamentales, y específicamente incluyendo la ley.

No es que estas dos visiones del mundo sean diferentes solo en la forma en que entienden la naturaleza de la realidad y la existencia. También producen inevitablemente resultados totalmente diferentes. La palabra operativa aquí es inevitable. No es que produzcan resultados diferentes, pero es absolutamente inevitable que produzcan resultados diferentes."

Francis Schaeffer escribió estas palabras intemporales en 1981 en *A Christian Manifesto* [*Un manifiesto cristano*]. Entendió que no importa qué cosmovisión una persona reclama. La forma en que viven y los sistemas que crean para apoyar su cultura revelan la cosmovisión que realmente cree que es verdadera. La iglesia posmoderna está aprendiendo lentamente que hay poca diferencia entre los resultados producidos por una cosmovisión humanista secular y una cosmovisión "bíblica" que ha sido corrompida por las tradiciones de los hombres. Ambos inevitablemente producen resultados catastróficos para la humanidad.

A medida que el fallando "Gran Reset" del hombre se suma al gran sacudimiento, Dios está desafiando directa y enérgicamente a los seguidores de Jesús a reexaminar los principios fundamentales que forman su cosmovisión económica. En el proceso, Él quiere atraerlos de vuelta para que una vez más abracen Sus caminos.

El pueblo de Dios está respondiendo en comunidades de todo el mundo. Comprenden los tiempos que vivimos y saben lo que deben hacer. Cada uno está comprometido a seguir los caminos de Dios, por muy radicales que parezcan. Son los agentes de cambio que establecerán un sistema económico que permitirá al pueblo de Dios cumplir su mandato: "Sed fecundos y multiplicaos, y llenad la tierra y sojuzgadla".

La pregunta que ahora tengo para ti es: "¿Eres uno de ellos?"

Una Última Palabra

"Venga tu reino. Hágase tu voluntad, así en la tierra como en el cielo."
Mateo 6:10

Mientras escribía *Vine a Dar* y *Mis Caminos*, una cosa se hizo cada vez más clara. Los principios y caminos de Dios pueden parecer radicales para algunos. Sin embargo, si se practican, conducen a un resultado consistente: una vida simple y pacífica llena de relaciones profundas y significativas con Dios y el prójimo. Esta es, en gran medida, la vida abundante que Jesús modeló para nosotros.

Hoy en día, la mayor parte del mundo está lejos de vivir esa vida. Nuestro sistema económico actual ha creado un abismo entre aquellos que luchan por encontrar suficiente comida y agua para sobrevivir cada día y aquellos que creen que morder y devorar a su vecino para obtener más cosas es la definición de prosperidad. Este sistema no vive dentro de la ventana de viabilidad y, por lo tanto, se está desmoronando ante nuestros ojos.

Mientras tanto, los reyes de la tierra celebran. Ven una oportunidad para "reconstruir mejor" un nuevo sistema que, según ellos, será "para el bien mayor" de la humanidad. En el Foro Económico Mundial (FEM) de 2022, Klaus Schwab declaró:

"El futuro no solo está sucediendo. El futuro es construido por nosotros, por una comunidad poderosa como ustedes aquí en esta sala. Tenemos los medios para mejorar el estado del mundo, pero dos condiciones son necesarias. La primera es que actuamos todos como partes interesadas de comunidades más grandes. Que servimos no solo al interés propio, sino que servimos a la comunidad. Eso es lo que llamamos responsabilidad de las partes interesadas. Y segundo, que colaboramos. Esta es la razón por la que encuentras muchas oportunidades para participar en muchas iniciativas orientadas a la acción y el impacto para lograr avances relacionados con temas específicos en la agenda global."

Mientras el Foro Económico Mundial proclama que la agenda detrás de su "Gran Reset" está el camino a seguir, aquellos que conocen su Biblia ven a Dios obrando en los corazones de los reyes de la tierra para lograr *Su* agenda. Su "Gran Reset" es simplemente el acto de apertura de algo muy diferente de lo que ellos creen está llegando.

> "y Él envíe a Jesús, el Cristo designado de antemano para vosotros, a quien el cielo debe recibir hasta el día de la restauración de todas las cosas, acerca de lo cual Dios habló por boca de sus santos profetas desde tiempos antiguos."
> Hechos 3:20-21

La restauración de todas las cosas está en marcha. Nadie puede decir exactamente cuándo comenzó o cómo se desarrollará. Sin embargo, permítanme sugerir que Dios ha revelado consistentemente Sus planes y propósitos a través de la nación de Israel. Ellos son Su "pueblo llamado a salir" original. Entonces, es lógico que Dios espere que el "pueblo llamado" de hoy, la ekklesia, siga el modelo que Él reveló a través de Israel.

Como nación separada, Israel creó sistemas que les permitieron coexistir con las naciones gentiles mientras llevaban a cabo los planes y propósitos de Dios. Hoy somos ciudadanos de un Reino mundial, guiados no por la Ley sino por la verdad, la gracia y el amor que Jesús modeló y transmitió a la iglesia del primer siglo. Al igual que Israel, Dios espera que adoptemos sus caminos y creemos sistemas que nos permitan vivir una vida distinta y muy superior a la vida ofrecida por el hombre.

Sin embargo, hoy en día, hay muy poca diferencia entre las vidas de muchos que reclaman el nombre de Jesús y las vidas de sus prójimos perdidos. Es hora de despojarnos de las tradiciones de los hombres y comience a vivir como los ciudadanos del Reino que afirmamos ocupar. Entonces, el contraste entre los cominos de Dios y los caminos del hombre logrará lo que Él pretendía. Los perdidos serán atraídos al conocimiento del Rey de reyes y Señor de señores para que ellos también puedan vivir la vida abundante que Él vino a dar.

El "pueblo llamado" de Dios lo hizo una vez. Lo podemos hacer de nuevo. Requerirá el coraje de bondadosa intención de Dios para la humanidad y la voluntad de adoptar una forma de vida que parecerá poco menos que radical en el mundo de hoy.

La buena noticia es que Dios está levantando "Nehemías" en comunidades de todo el mundo para evaluar la condición de la parte del "muro" de la que son responsables en Su Reino. Él los está atrayendo amablemente a la agonía por su condición. Con un corazón de arrepentimiento, se están volviendo a Sus caminos como el único medio viable para restaurar su muro y están reuniendo las herramientas que necesitan para comenzar el trabajo.

A medida que estos constructores alcanzan una masa crítica, se producirá un cambio en el reino invisible, creando una fuerza imparable. El mundo verá que cuando el pueblo de Dios viva de acuerdo con Sus caminos, "nada de lo que se propongan hacer será imposible para ellos". El reinado económico de terror del enemigo, impulsado por el control, la competencia y la escasez, terminará. Una nueva era de abundancia comenzará. Entonces esperaremos el momento en que el Padre se vuelva a Su Hijo y le diga: "Es hora. Ve a buscar a tu novia, y juntos, terminaremos la Gran Restauración".

Esto libro comenzó con Isaías 55:8-9, una declaración de verdad que formó el fundamento de su contenido. Desde entonces, tú has leído miles de mis palabras. Oro para que las que han sido de mi carne caigan al suelo y lo que es del Espíritu Santo revele el corazón de Dios para ti, tu familia y tu comunidad. Los dejo ahora con las palabras pronunció Isaías justo antes de esos dos versículos. Nos aseguran que Dios nos recibirá con compasión cuando nos arrepintamos y volvamos a sus caminos.

"Abandone el impío su camino, y el hombre inicuo sus pensamientos, y vuélvase al Señor, que tendrá de él compasión, al Dios nuestro, que será amplio en perdonar."
Isaías 55:7

Para obtener más información sobre cómo introducir los principios económicos de Dios en tu comunidad, escanea el código QR a continuación o visita:

https://regeneco.org

Agradecimientos

Mi esposa, hijos y nietos. Tú eres la inspiración para todo lo que hago. El mundo parece un desastre ahora, pero ¡oh, las cosas que verás y harás a medida que se desarrolle el siglo XXI!

El equipo del Consejo Regeneco Ekklesia. No estaríamos aquí si no fuera por su encuentro con este proyecto y dando libremente su visión, regalos, lágrimas y amistad. Y no hemos hecho más que empezar.

Jorge Lorenzana. Su traducción de este libro y *Vine A Dar* ha abierto la puerta para que América Latina no solo prospere, sino que lidere el camino en la adopción de un nuevo sistema de intercambio de valor. Estoy agradecido de que estén en nuestro equipo mientras servimos a las fantásticas personas de esta región.

Dennis Peacocke. Su ejemplo continuo de liderazgo es una inspiración, y su declaración profética en el otoño de 2019 probablemente dio a luz a este libro en el Espíritu.

Y por último, quién es el primero: mi amigo, hermano, Rey, Señor y Salvador, Jesús. Se trata de restaurar la economía que Tú modelaste y sobre la cual el Padre quiere construir Su Reino. Que seamos fieles en nuestras generaciones para construirlo mientras esperamos Tu regreso.

$15.99

ISBN 978-1-7357090-5-5

51599>

9 781735 709055

9 781735 709055